Quick Guide

Quick Guides liefern schnell erschließbares, kompaktes und umsetzungsorientiertes
 Wissen. Leser erhalten mit den Quick Guides verlässliche Fachinformationen, um mitreden, fundiert entscheiden und direkt handeln zu können.

Weitere Bände in der Reihe http://www.springer.com/series/15709

Frank Deges

Quick Guide Affiliate Marketing

Wie Sie mit Vertriebspartnerschaften
Bekanntheit und Umsatz steigern

Frank Deges
Europäische Fachhochschule
Rhein/Erft GmbH
Brühl, Deutschland

ISSN 2662-9240 ISSN 2662-9259 (electronic)
Quick Guide
ISBN 978-3-658-30324-2 ISBN 978-3-658-30325-9 (eBook)
https://doi.org/10.1007/978-3-658-30325-9

Die Deutsche Nationalbibliothek verzeichnet diese Publikation in der Deutschen Nationalbibliografie; detaillierte bibliografische Daten sind im Internet über http://dnb.d-nb.de abrufbar.

© Der/die Herausgeber bzw. der/die Autor(en), exklusiv lizenziert durch Springer Fachmedien Wiesbaden GmbH, ein Teil von Springer Nature 2020
Das Werk einschließlich aller seiner Teile ist urheberrechtlich geschützt. Jede Verwertung, die nicht ausdrücklich vom Urheberrechtsgesetz zugelassen ist, bedarf der vorherigen Zustimmung des Verlags. Das gilt insbesondere für Vervielfältigungen, Bearbeitungen, Übersetzungen, Mikroverfilmungen und die Einspeicherung und Verarbeitung in elektronischen Systemen.
Die Wiedergabe von allgemein beschreibenden Bezeichnungen, Marken, Unternehmensnamen etc. in diesem Werk bedeutet nicht, dass diese frei durch jedermann benutzt werden dürfen. Die Berechtigung zur Benutzung unterliegt, auch ohne gesonderten Hinweis hierzu, den Regeln des Markenrechts. Die Rechte des jeweiligen Zeicheninhabers sind zu beachten.
Der Verlag, die Autoren und die Herausgeber gehen davon aus, dass die Angaben und Informationen in diesem Werk zum Zeitpunkt der Veröffentlichung vollständig und korrekt sind. Weder der Verlag, noch die Autoren oder die Herausgeber übernehmen, ausdrücklich oder implizit, Gewähr für den Inhalt des Werkes, etwaige Fehler oder Äußerungen. Der Verlag bleibt im Hinblick auf geografische Zuordnungen und Gebietsbezeichnungen in veröffentlichten Karten und Institutionsadressen neutral.

Planung/Lektorat: Imke Sander
Springer Gabler ist ein Imprint der eingetragenen Gesellschaft Springer Fachmedien Wiesbaden GmbH und ist ein Teil von Springer Nature.
Die Anschrift der Gesellschaft ist: Abraham-Lincoln-Str. 46, 65189 Wiesbaden, Germany

Vorwort

Das Affiliate-Marketing ist ein etabliertes Instrument des Online-Marketings. Affiliates als externe Vertriebspartner bewerben und verlinken das Leistungsangebot eines Unternehmens auf ihren Websites. Wird durch den Klick auf einen Affiliate-Link ein Websitebesucher auf die Onlinepräsenz des werbenden Unternehmens weitergeleitet und führt dieser dort die mit der Werbebotschaft beabsichtigte Handlung durch, so erhält der Vertriebspartner eine Vergütung für die Vermittlung dieses Kontaktes. Affiliates sorgen für eine Sichtbarkeit und Bekanntmachung des Angebotes außerhalb der eigenbetriebenen Onlinepräsenzen des Unternehmens, sie schaffen Aufmerksamkeit für das beworbene Angebot und stehen für eine effektive Form der Neukundengewinnung. Es entsteht eine Win-win-Situation, wenn über Affiliate-Marketing der Unternehmensumsatz gesteigert wird und die Vertriebspartner im Gegenzug eine attraktive Provision erhalten.

Dieses Buch vermittelt in kompakter Form die konzeptionellen, inhaltlichen, rechtlichen und technischen Grundlagen, um das Affiliate-Marketing zu einem leistungsstarken Vertriebskanal auszubauen und effizient zu steuern. Latente Herausforderungen wie die Beschneidung von Cookie-Laufzeiten, die EU-Datenschutz-Grundverordnung und die aktuell noch nicht in Kraft getretene neue ePrivacy-Verordnung sind ebenso thematisiert wie die notwendige Integration des Customer-Journey-Ansatzes in die Provisionsmodelle und das Tracking. Beispiele, Best Practices und Handlungsempfehlungen illustrieren die Optionen zur strategischen und organisatorischen Ausgestaltung des Affiliate-Marketings.

Die Inhalte des *Quick Guide Affiliate Marketing* fokussieren die Perspektive des Merchants, also der Unternehmen, die ein Partnerprogramm als Affiliate-Marketing betreiben oder aufbauen möchten. Damit differenziert sich dieser Ansatz von Affiliate-Ratgeberwerken, die primär Handlungsanleitungen und Tipps aufzeigen, wie Onlinenutzer mit der Optimierung ihrer Websites, Blogs und Social-Media-Accounts ein passives Einkommen über die Teilnahme an Partnerprogrammen generieren können. Ein komprimierter Wissensüberblick soll Merchants dabei unterstützen, ein Partnerprogramm kongruent auf ihre Zielgruppe und ihre Vertriebspartner auszurichten. Aber auch Unternehmensgründer und noch junge Unternehmen lernen die Potenziale des Affiliate-Marketings einzuschätzen, um ihre Vertriebsstrategie auf Besucherfrequenzgenerierung und Conversionoptimierung auszurichten. Für Studierende aus den Fachrichtungen E-Commerce, Online-Marketing und Internet-Entrepreneurship bietet der Quick Guide die Option der Vertiefung ihres in Grundlagenveranstaltungen erworbenen Orientierungswissens.

Mein besonderer Dank gilt Frau Imke Sander vom Springer Gabler Verlag für die stets engagierte, freundliche und wertvolle Unterstützung sowie die konstruktive und angenehme Zusammenarbeit bei diesem, nun schon vierten gemeinsamen Buchprojekt.

Köln
im März 2020

Frank Deges

Inhaltsverzeichnis

1 Einordnung des Affiliate-Marketings in das Online-Marketing — 1
  1.1 Begriff und Kennzeichnung des Affiliate-Marketings — 2
  1.2 Funktionsprinzip des Affiliate-Marketings — 9
  1.3 Formen des Affiliate-Marketings — 16
  1.4 Entwicklung und Status quo des Affiliate-Marketings — 18
  Literatur — 19

2 Akteure des Affiliate-Marketings — 23
  2.1 Merchants — 24
  2.2 Affiliates — 25
  2.3 Affiliate-Netzwerke — 32
  Literatur — 36

3 Konzeption und Aufbau eines Partnerprogramms — 39
  3.1 Markt- und Potenzialanalyse — 40
  3.2 Ziele und Zielgruppen — 43
  3.3 Identifizierung und Auswahl von Partnern — 47
  Literatur — 52

4 Ausgestaltung des Partnervergütungssystems — 55
- 4.1 Trackingmethoden — 56
- 4.2 Attributionsmodelle — 62
  - 4.2.1 Statische Attribution: First oder Last Interaction — 63
  - 4.2.2 Dynamische Customer Journey Attribution — 65
- 4.3 Provisionsmodelle — 69
- 4.4 Modalitäten der Provisionszahlung — 78
- Literatur — 81

5 Ausgestaltung der Partnerprogramme — 85
- 5.1 Kampagnenentwicklung und Kampagnenformate — 86
- 5.2 Gestaltung und Bereitstellung der Werbemittel — 92
- 5.3 Vertragliche Regelungen der Zusammenarbeit — 99
- 5.4 Betreuung und Bindung der Affiliates — 105
- Literatur — 107

6 Die Organisation des Affiliate-Marketings — 109
- 6.1 Affiliate-Management: Steuerung in Eigenregie — 110
- 6.2 Affiliate-Netzwerke: Steuerung über einen Dienstleister — 114
- 6.3 Mischformen: Kombination Inhouse und Outsourcing — 118
- Literatur — 121

7 Affiliate-Marketing-Controlling — 123
- 7.1 Der Steuerungskreis des Affiliate-Marketings — 124
- 7.2 Quantitative Kennzahlen — 126
- 7.3 Qualitative Kennzahlen — 132
- 7.4 Parameter der Steuerung des Affiliate-Marketings — 133
- Literatur — 137

Fazit und Ausblick — 139

1 Einordnung des Affiliate-Marketings in das Online-Marketing

> **Was Sie aus diesem Kapitel mitnehmen**
>
> Welche Charakteristika das Affiliate-Marketing kennzeichnen und wie es sich von anderen Kommunikations- und Vertriebskonzepten abgrenzt
> Welches Funktionsprinzip dem Affiliate-Marketing zugrunde liegt
> Welche Formen des Affiliate-Marketings zu unterscheiden sind
> Die Bedeutung des Affiliate-Marketings für die Onlinevermarktung von Produkten und Dienstleistungen und die Generierung von Kontakten für die Neukundengewinnung

In der unbegrenzten Vielfalt des Internets bedarf es für die erfolgreiche Vermarktung des Produkt- und Leistungsangebotes der Anbieter einer hohen Sichtbarkeit ihrer Onlinepräsenzen. Internetnutzer müssen auf das Angebot aufmerksam werden und zum Besuch der Onlineshops animiert werden. Um eine hohe Besucherfrequenz zu generieren, bedarf es einer Vielzahl von Kontaktpunkten, an denen Zielgruppen mit der Präsentation des Onlineangebotes eines Unternehmens in Berührung kommen. Sucht daraufhin die Zielperson den Anbieter auf, so kann ein nutzerfreundlicher Onlineshop mit einem überzeugenden Preis- und Leistungsverhältnis punkten und Besucher zu

© Der/die Herausgeber bzw. der/die Autor(en), exklusiv lizenziert durch Springer Fachmedien Wiesbaden GmbH, ein Teil von Springer Nature 2020
F. Deges, *Quick Guide Affiliate Marketing*, Quick Guide,
https://doi.org/10.1007/978-3-658-30325-9_1

Käufern transformieren. Um die Besucherfrequenz zu erhöhen und den Umsatz zu steigern, setzen viele Unternehmen in der Onlinevermarktung ihrer Produkte und Dienstleistungen auf Vertriebspartnerschaften. Wie dies mit dem Instrument des Affiliate-Marketings realisiert werden kann, ist Gegenstand dieses ersten Kapitels. Abschn. 1.1 kennzeichnet die Charakteristika des Affiliate-Marketings und klassifiziert dieses Instrument als ein performancebasiertes Marketing- und Vertriebskonzept. Das Funktionsprinzip des Affiliate-Marketings ist in Abschn. 1.2 und dessen Formen sind in Abschn. 1.3 thematisiert. Die Marktentwicklung und der Status quo des Affiliate-Marketings sind zum Abschluss des Kapitels in Abschn. 1.4 dargestellt.

1.1 Begriff und Kennzeichnung des Affiliate-Marketings

Das breite Spektrum des Online-Marketings ist in eine Vielzahl weiterer Instrumente untergliedert, die jeweils als eigenständige Disziplinen aufzufassen sind und in ihrem kombinierten und sich ergänzenden Einsatz ihre volle Wirkung entfalten. Zu den etablierten Instrumenten gehört neben Suchmaschinenmarketing, E-Mail- und Newslettermarketing, Social-Media-Marketing, Influencer-Marketing und Onlinewerbung auch das **Affiliate-Marketing** (als Synonyme werden auch die Begriffe Affiliate-Management, Affiliate-Programm, Partnerprogramm oder Partnervertrieb verwendet). Das Affiliate-Marketing ist ein fester Bestandteil des **Marketingmix** vieler Unternehmen (BITKOM 2008, S. 6) und einer der wichtigsten Treiber im Onlinehandel (Bernecker 2019). Im Kern geht es beim Affiliate-Marketing um eine **Vermittlungsleistung.** Diese ist dadurch gekennzeichnet, dass ein Dritter durch seine Empfehlung eine **Interaktion** oder **Transaktion** zwischen Anbieter und Nachfrager ermöglicht. Die Motivation des Dritten, eine Vermittlung zu initiieren, ist an die Erwartung einer **Gegenleistung** gekoppelt. Forderungen nach Gegenleistungen können im ökonomischen Kontext prinzipiell an den Anbieter und/oder den Nachfrager einer Leistung adressiert werden. Im Affiliate-Marketing ist die

Gegenleistung eine monetäre Vergütung des Anbieters als **Provision,** die an den Vermittler für den klar definierten und damit auch eindeutig nachvollziehbaren Erfolg der Vermittlungsleistung gezahlt wird. Der **Affiliate** generiert als Werbepartner Umsätze für den **Merchant** als werbendes Unternehmen. Er agiert eigenständig und autonom wie ein selbstständiger Absatzmittler, der ausschließlich über **Erfolgsbeteiligungen** vergütet wird, ohne als Basis ein Fixum für seine Ressourcenbereitstellung zu erhalten (Kreutzer 2018, S. 252).

Das Verb „to affiliate" (anschließen, angliedern, verbinden) kennzeichnet in der Kombination mit einem weiteren Begriff den Zustand des Verbundenseins oder Angegliedertseins zwischen natürlichen oder juristischen Personen. So ist eine **Affiliate Company** ein mit der Konzernholding verbundenes Unternehmen oder eine Tochtergesellschaft. **Affiliate Members** sind einer Organisation, Institution oder einem Verein angeschlossene Mitglieder und **Affiliate Partners** die mit einem Unternehmen oder einer Organisation verbundenen Kooperationspartner. Der Begriff **Marketing** kennzeichnet die konsequente Ausrichtung des gesamten Unternehmens an die Bedürfnisse des Marktes und der Zielgruppe (Kirchgeorg 2018). Alle Aktivitäten sind darauf ausgerichtet, die Vermarktung der Produkte und Leistungen des Unternehmens in seinen Absatzmärkten in Bezug auf die Produkt- und Sortimentspolitik, Preispolitik, Distributionspolitik und Kommunikationspolitik zu optimieren, um den höchstmöglichen Umsatz zu generieren (Kirchgeorg 2018; Meffert et al. 2015, S. 18 ff.).

Eine **Kooperation** ist durch die vertraglich geregelte freiwillige Zusammenarbeit von mindestens zwei Partnern unter Erhalt ihrer rechtlichen und wirtschaftlichen Selbstständigkeit gekennzeichnet. Ziele einer Kooperation sind in der Regel Effizienzsteigerungen und/oder Kostenreduktionen (Neto 2020). Bei einer **Vertriebskooperation** arbeiten Partner im Vertrieb zum Zweck der Steigerung der Vertriebseffizienz und/oder Senkung der Vertriebskosten zusammen (Kenning 2018). Die Vertriebspartner müssen zueinander passen. Um diese „Passung" zu validieren, bedarf es Auswahlkriterien wie das Image des Partners, seine **Reichweite** und Besucherfrequenz sowie eine hohe **Zielgruppenidentität** (Kollmann 2013, S. 201). Affiliate-Marketing ist über die Jahre zu einer wichtigen Säule der Besucherfrequenzgenerierung, Neukundengewinnung und **Umsatzsteigerung** geworden (Kreutzer 2016, S. 84 f.). Diese Ziele verfolgen sowohl Merchants wie auch Affiliates, wenngleich aus unterschiedlicher Motivationslage. Das primäre Ziel des Affiliates ist die Einnahme von **Provisionen** über eine erfolgreiche Vermittlungsleistung für den Merchant, dessen primäres Ziel darin besteht, über die Vertriebskooperationen seinen Umsatz zu steigern, ohne seine Marge durch zu hohe Vertriebsnebenkosten zu belasten. Somit besteht eine **Zielkongruenz,** denn der Affiliate hat ein hohes Interesse daran, die Aufmerksamkeit seiner Websitebesucher auf das Leistungsangebot des Merchants zu lenken, um darüber Provisionsansprüche generieren zu können (Haller 2018, S. 305).

Bei Informations- und Kaufentscheidungsprozessen ergeben sich je nach Produktkategorie und Käufertypus ein oder mehrere Kontaktpunkte mit einem Unternehmen und seinem Produkt- und Leistungsangebot. Diese werden als **Customer Touchpoints** bezeichnet (Wirtz 2013, S. 82), sie können in unternehmenseigene und unternehmensfremde bzw. unternehmensferne differenziert werden. **Unternehmensfremde Touchpoints** befinden sich außerhalb der direkt durch das Unternehmen beeinflussbaren Sphäre (Kreutzer 2016, S. 40). Affiliates sind als unternehmensfremde Customer Touchpoints zu charakterisieren. Da sie die Produkte des Merchants nicht auf eigene Rechnung verkaufen, sind sie spezifischer auch als **Customer Information Points** zu charakterisieren, die in der **Pre-Sale-Phase** die Beförderung des Abverkaufs der Produkte und Leistungen des Merchants durch ihre empfehlungsbasierte Werbung stützen und damit transaktionsvermittelnd und nicht transaktionsabschließend tätig sind. Jeder einzelne Affiliate ist ein Customer Touchpoint, sodass über eine vielschichtige Vertriebsstruktur mit mehreren Hundert oder Tausend Affiliates auch die gleiche Anzahl an Customer Touchpoints für den Merchant geschaffen wird. Das Affiliate-Marketing findet seine operative Umsetzung in sogenannten **Partnerprogrammen** respektive **Affiliate-Programmen,** in denen der Merchant als Initiator die Vertriebspartnerschaft mit Zielen, Teilnahmebedingungen und Konditionen konkretisiert. Er stellt den Affiliates Werbemittel zur Verfügung, die diese in ihre Onlinepräsenzen einbinden und mit der **Website** oder **Landingpage** des Merchants verlinken. Somit kann Affiliate-Marketing aus der Perspektive der Kommunikationspolitik auch als eine spezifische Form der Streuung von Werbung über die Onlinepräsenzen von Dritten aufgefasst werden (Kreutzer 2018, S. 250).

> **Website und Webseite, Homepage und Landingpage**
> Die Site (Ort, Lage, Platz) im World Wide Web (WWW) ist die **Website** als der Internetauftritt (Webpräsenz, Internetpräsenz, Onlinepräsenz) eines Unternehmens, einer Organisation oder einer Privatperson unter einer Domain als die Adresse der Website. Eine Website besteht aus mehreren **Webseiten,** die erste davon ist die **Homepage** als Start-, Begrüßungs- und zentrale Ausgangsseite für die Navigation in die dahinterliegenden Webseiten des Internetauftritts. Eine **Landingpage** ist eine speziell eingerichtete Webseite, um eine zielgerichtete Aktion (Kauf, Download, Anmeldung) auszulösen (Kreutzer 2018, S. 122 f.). E-Mail-Marketingkampagnen verlinken beispielsweise eher auf eine Landingpage als auf die Homepage, um eine Registrierung für den Newsletterbezug anzustoßen.

Aus der Perspektive der **Distributionspolitik** ist das Affiliate-Marketing als indirekter **Partnervertrieb** mit dem Zweck der Distributionsanbahnung über unternehmensexterne Absatzmittler einzuordnen, die der Merchant in seinen Vertriebsprozess integriert (Kollmann 2016, S. 338 f.). Aufgaben der **physischen Distribution** nimmt der Affiliate nicht wahr, sie sind grundsätzlich kein Gegenstand der Leistungsvereinbarungen in Partnerprogrammen. Denn der Affiliate ist kein **Zwischenhändler,** der über die Distributionsanbahnung hinausgehend auch den Versand der Ware oder den Bezug der Leistung verantwortet und sicherstellt. Es ist der Merchant, mit dem der Kunde eine Geschäftsbeziehung eingeht und beide zu Vertragsparteien mit kaufvertraglichen Rechten und Pflichten macht. Mit dem eigentlichen **Transaktionsprozess** hat der Affiliate keine Berührung, dieser wird komplett über den Onlineshop des Merchants abgewickelt. Auch der Versand der Produktbestellung obliegt dem Merchant.

> **Transaktion und Transaktionsprozess**
> Durch eine **Transaktion** wird das Eigentum oder das Nutzungsrecht an einem Gut zwischen Wirtschaftssubjekten übertragen (Picot 1982, S. 269 f.). Transaktionen lösen **Transaktionskosten** monetärer und nichtmonetärer Art entlang des Kaufprozesses aus, diese beziehen sich auf den Aufwand, der mit dem **Transaktionsprozess** verbunden ist (Picot 1986, S. 3 ff.). Vor dem Vertragsabschluss fallen Kosten für die Anbahnung, Informationsbeschaffung, Alternativenauswahl und Vertragsverhandlung an. Nach dem Vertragsabschluss entstehen Abwicklungs-, Kontroll- und Anpassungskosten, wenn eine Warenlieferung beanstandet, nachverhandelt oder retourniert wird (Picot 1982, S. 270 f.).

Das Vermittlungsgeschäft über Vertriebs- und Netzwerkpartner hat eine lange Tradition, die schon vor dem Internetzeitalter eine bewährte Form des indirekten Vertriebs darstellte (Lammenett 2017, S. 57), im klassischen Sinne waren und sind es **Handelsvertreter,** die für ein Unternehmen als Absatzmittler tätig wurden. Insofern ist das Affiliate-Marketing in seiner Grundidee der **Vertriebspartnerschaft** keine Innovation des Onlinehandels. Gleichwohl haben jedoch die Möglichkeiten der Technologisierung und Kommerzialisierung des Internets die Möglichkeiten einer partnerschaftlichen Unterstützung in den Vertriebsbemühungen vervielfacht. Das dem personengebundenen Handelsvertretergeschäft anhängige Image des forschen und hartnäckigen Anpreisens der Produkte des vertretenen Unternehmens gewinnt durch die Möglichkeiten der weitgehend automatisierten, nichtpersonengebunden werblichen Anpreisung über Onlinepräsenzen eine seriösere Dimension. Mittels Affiliates baut der Merchant ein **virtuelles Vertriebsnetz** auf (Olbrich et al. 2015, S. 61) und vervielfältigt damit seine Vertriebskanäle und Vertriebsaktivitäten im Onlineuniversum und gerade nicht über physisch-stationäre oder ambulante Kontaktpunkte (Bernecker 2019).

Obwohl das **Aufgabenprofil** eines Handelsvertreters dem eines Affiliate-Partners ähnelt, sind deren Tätigkeiten definitorisch nicht gleichzusetzen. Der **Handelsvertreter** ist gemäß § 84 Abs. 1 HGB ein Absatzhelfer, der als selbstständiger Gewerbetreibender ständig damit betraut ist, für ein Unternehmen Geschäfte zu vermitteln oder in dessen

Namen abzuschließen. Ein Affiliate im Onlinevertrieb muss kein selbstständiger Gewerbetreibender sein. Durch die über das Internet weitgehend automatisierte Vermittlung kann sich jede natürliche und juristische Person als Affiliate betätigen. Dieser muss auch nicht ständig mit der Vermittlungsaufgabe als seine Haupttätigkeit betraut sein. Der Affiliate ist somit im Gegensatz zum Handelsvertreter kein **Berufsbild** in der Form, dass seine Tätigkeit zwingend eine erwerbsmäßige Profession darstellen muss. Während der Handelsvertreter in seiner klassischen Vermittlerfunktion als real physische Person in einem direkten Dialog mit seinen Kunden in Erscheinung tritt, ist der Affiliate ein virtueller Onlinepartner; ein physisch persönliches Aufeinandertreffen von Affiliate und Merchant oder Affiliate und Adressat der Werbung ist nicht erforderlich, um eine Vermittlungsleistung zu vollziehen. Der Affiliate baut somit auch keine direkte **Kundenbeziehung** auf, er fungiert lediglich als **Schnittstelle** zwischen Merchants und potenziellen Kunden und erfüllt eine externe **Zubringerfunktion** für den Merchant (Kreutzer 2018, S. 250). Den Verkauf an den Kunden (und damit auch die Haftung, Garantie, Lieferung, Rechnungsstellung und Retourenabwicklung) verantwortet der Merchant. Das ist auch ein Grund, warum Vertriebskooperationen für Affiliates attraktiv sind. Diese verdienen an einer erfolgreichen Vermittlung, ohne der vermittelten Zielperson gegenüber eine vertragsrechtliche Verpflichtung einzugehen (Häffner 2019).

Das Affiliate-Marketing ist ein Instrument des **Performance-Marketings**. Im ökonomischen Kontext steht der Begriff Performance für Leistung und in der Ausprägung des Performance-Marketings für die messbare **Aktion** in Bezug auf den Einsatz von Marketinginstrumenten. Die Messbarkeit steht für den **Erfolgsausweis** einer ökonomischen Betätigung, im Marketing geht es vor allem darum, die Zielerreichung durch eindeutige **Messgrößen** in ihrer Wirkung transparent darzustellen, sodass die Allokation von Budgets für die eingesetzten Marketinginstrumente durch die Erzielung der gewünschten Resultate gerechtfertigt erscheint. Ist die Transaktionsleistung eindeutig definiert, so kann der Erfolgsbeitrag jedes Affiliates über das **Tracking** (Nachverfolgung) der weitergeleiteten Websitebesucher eindeutig gemessen werden (Kärner 2016). Nur wenn die vorab definierte Vermittlung erfolgreich vollzogen ist, entsteht ein **Vergütungsanspruch** und der Partner erhält eine leistungsbezogene Honorierung. Ein Vorteil der Erfolgsmessung ist die fortlaufende Optimierung der performancebasierten Instrumente, indem über die Anpassung verschiedener Parameter ein Erfolg genau diesen Optimierungsmaßnahmen zugeordnet werden kann. Werden höhere Umsätze als geplant generiert, so erhöht sich die Summe der Provisionszahlungen, die der Merchant bedienen muss. Eine Budgetüberschreitung bei den prognostizierten Provisionen zeitigt jedoch auch den positiven Effekt der Übererfüllung der definierten Ziele. Das **Tracking** der Leistungserfüllung ist die konstituierende Basis für das Performance-Marketing. Die Berechtigung und die Höhe des Provisionsanspruchs muss von beiden Marktpartnern, dem Merchant wie auch dem Affiliate, eindeutig und transparent nachvollzogen werden können. Dies wird im Affiliate-Marketing durch **Attributionsmodelle** realisiert, die den Anspruch an eine Provision über klar definierte Leistungsparameter verifizieren (siehe Abschn. 4.2).

> **Merke!**
> Die Performance jedes einzelnen Affiliates kann über die Nachverfolgung und Dokumentation der Ausführung einer vorab definierten Aktion der weitergeleiteten Websitebesucher eindeutig gemessen werden.

Das Affiliate-Marketing bestimmt sich aus einer Inhalts- und einer Organisationsperspektive. Aus der **Inhaltsperspektive** ist das Affiliate-Marketing als ein Instrument des Online-Marketings zu verorten. Es kennzeichnet die Durchführung von Werbekampagnen, die über Affiliates zur Erreichung präziser Kampagnenziele gestreut werden. Der gezielte Einsatz des Affiliate-Marketings bedarf aus der **Organisationsperspektive** der Planung, Steuerung und Kontrolle der Zusammenarbeit zwischen Affiliate, Unternehmen und Dienstleistern. Aus der Zusammenführung der Inhalts- und Organisationsperspektive lässt sich folgende Definition ableiten:

> **Affiliate-Marketing**
> Das Affiliate-Marketing ist ein performancebasiertes Instrument des Online-Marketings, welches auf dem Vergütungsprinzip der Vermittlungsprovision beruht und mit dem über unternehmensexterne Vertriebspartner Besucher den Onlinepräsenzen des werbenden Unternehmens zugeführt werden, um sie dort zum Kauf von Produkten und/oder zur Inanspruchnahme von Leistungen zu bewegen.

> **Merke!**
> Der Merchant schafft durch die Zusammenarbeit mit Affiliates ein virtuelles Netzwerk an Kooperationspartnern. Er erweitert seinen Onlinevertriebskanal durch externe Customer Touchpoints und steigert mit einer Vielzahl an Partnern in erheblichem Umfang seine visuelle Präsenz im Internet. Die Vermarktung seiner Produkte und Leistungen wird gefördert, indem er seine Partner mit attraktiven Provisionen am Erfolg beteiligt.

1.2 Funktionsprinzip des Affiliate-Marketings

Das Affiliate-Marketing basiert in allen seinen Formen auf dem Prinzip der erfolgsabhängigen **Vermittlungsprovision,** die je nach Betreibermodell vom Merchant sowohl für den Affiliate wie auch für ein zwischengeschaltetes Affiliate-Netzwerk aufzuwenden ist. Ein Partnerprogramm ist nur dann erfolgreich, wenn es gelingt, mit einem attraktiven **Vergütungsmodell** Wunsch-Affiliates für die Teilnahme zu begeistern. Die Vergütung kann über unterschiedliche **Provisionsmodelle** (siehe Abschn. 4.3) bedient werden. Wie Abb. 1.1 zeigt, kann bereits die Einblendung eines Werbemittels mit Pay per Link oder Pay per View vergütet werden. Die darauffolgende Aktionsgröße wäre der Klick auf ein Werbemittel (Pay per Click). Vielfach sind es jedoch Provisionen für die Generierung qualifizierter Kundenkontakte (Pay per Lead) oder den Verkauf (Pay per Sale) eines Produktes oder einer Dienstleistung.

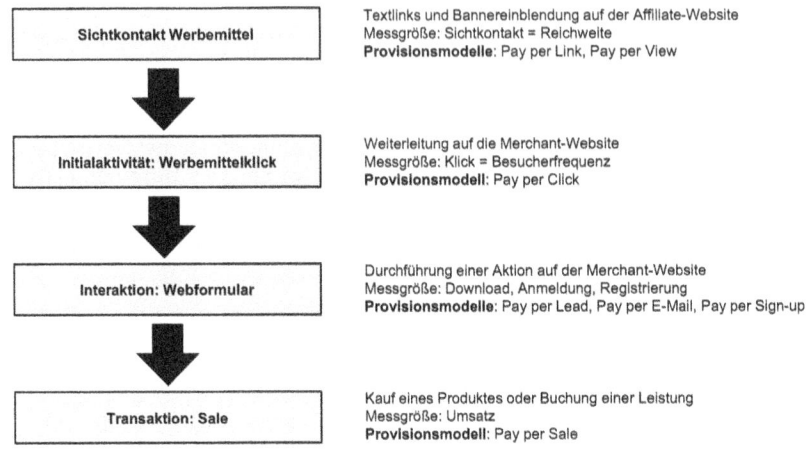

Abb. 1.1 Aktionsgrößen im Affiliate-Marketing. (Eigene Darstellung)

Ein attraktiver Vergütungsanreiz sowie transparente Teilnahmebedingungen bilden die Grundlage für den Erfolg eines Partnerprogramms (BITKOM 2008, S. 9). Die hohe Marktakzeptanz des Affiliate-Marketings basiert auf der Einfachheit seines Funktionsprinzips. Der Affiliate bindet Werbemittel in seine Website ein und verlinkt diese auf die Zielseite des Merchants.

> **Affiliate-Link**
>
> Ein Affiliate-Link kennzeichnet die automatisch ausgelöste Weiterleitung von einer Affiliate-Website zu einer Merchant-Zielseite. Die eigentliche Bezeichnung **Hyperlink** (Link oder Weblink ist das gängige Kürzel) steht für die Funktion eines Querverweises. Über Klicks auf Hyperlinks erfolgen „Sprünge" von einem Objekt zu einem anderen. Das Ziel des Links kann eine Website, Bild-, Audio- oder Videodatei oder ein (statisches oder dynamisch erzeugtes) Textdokument sein. Die mit dem Hyperlink adressierten Ziele können innerhalb der besuchten Website liegen oder als ausgehende Links auf Inhalte externer Websites auf anderen Webservern verweisen. Ein Link enthält die Adresse des Ziels als URL, wobei im für den Onlinenutzer sichtbaren Teil nicht die komplette Internetadresse angezeigt werden muss. Ein **Anchor-Text** (Linktext) ist die Kurzform der URL. Dieser wird meist verwendet, wenn die URL als Deeplink sehr lang ist. Der Anchor-Text beinhaltet eine kurzgefasste Beschreibung, welche

> weiterführenden Informationen durch den Klick auf den Link aufgerufen werden. Während ein allgemeiner Link auf die Startseite verweist, führt ein **Deeplink** direkt auf die Detailseite eines Webangebotes.

Im **Affiliate-Link** ist ein Code mit einer **Partnerkennung** (Publisher-ID) integriert, der den Affiliate als Zubringer eines Websitebesuchers eindeutig identifiziert (Holland 2016, S. 83). Ein weiterer Parameter ist der **Timestamp** mit dem Datum und der Uhrzeit des Klicks auf das Werbemittel (BVDW 2020, S. 14). Das Nachverfolgen und Dokumentieren der Handlungen des vermittelten Websitebesuchers wird als **Tracking** und die verschiedenen Formen des Trackings als **Trackingmethoden** bezeichnet (siehe Abschn. 4.1). Die Abrechnung der Leistungen erfolgt automatisiert, der Affiliate muss seinen Erfolgsausweis nicht eigenständig beim Merchant nachweisen oder die Auszahlung einer fälligen Provision per Rechnung einfordern. Die Weiterleitung des Affiliate-Websitebesuchers erzeugt beim Merchant einen **Referrer** (Häffner 2019).

> **Referrer**
>
> Über den Referrer (Überbringer, Übermittler), der in der URL integriert ist, kann nachgehalten werden, von welcher Website ein Besucher auf die Zielseite gelangt ist. Falls die Übermittlung des Referrers nicht durch den Webbrowser unterdrückt ist **(Dereferrer)**, lässt sich somit die Herkunft der Besucher über die vor der Session besuchte Onlinepräsenz ableiten. Die Analyse des Referrers liefert Erkenntnisse über den Erfolg beispielsweise von Werbekampagnen, die in den Onlineshop verlinken, oder den Anteil der Besucher, die über Suchmaschinen, Vergleichsportale oder den vorherigen Besuch einer Wettbewerberwebsite in den Onlineshop gelangt sind.

Man spricht aufgrund der **Zielkongruenz** von Merchant und Affiliate von einem **Win-win-Szenario.** Der Merchant profitiert von einer für ihn kostenlosen und gezielten Werbeeinblendung (falls kein Pay per View oder Pay per Link als Provision vereinbart ist). Es bedarf zum Betrieb eines Partnerprogramms keiner hohen **Initialinvestition** durch den Merchant, seine auszuzahlenden Erfolgsprovisionen sind variable, performancebasierte Vertriebskosten (Haller 2018, S. 305). Der Affiliate generiert Einkünfte, ohne dass es dazu zwingend eines zeitintensiven Engagements seinerseits bedarf (Kollewe und Keukert 2016, S. 466). Das **Erfolgsrisiko** liegt zum überwiegenden Teil aufseiten der Affiliates. Mit der Einblendung von Werbemitteln erbringen Affiliates bereits eine Leistung, der in der Regel noch keine Gegenleistung des Merchants gegenübersteht (Olbrich et al. 2015, S. 75).

> **Merke!**
> Das Win-win-Szenario charakterisiert sich für den Merchant durch eine höhere Visibilität seiner Marktpräsenz und eine Steigerung seiner Vertriebsreichweite, ohne dass er dafür zwingend schon eine Gegenleistung erbringen muss. Der Affiliate amortisiert sein Engagement zum Aufbau von Reichweite über die Provisionszahlungen des Merchants.

Die Erfolgsaussicht des Affiliates ist vor allem durch die Attraktivität des zu bewerbenden Produkt- und Leistungsangebotes und einer stabilen Nachfrage der adressierten Zielgruppe determiniert. Grundsätzlich eignen sich alle Produkte und Dienstleistungen für das Affiliate-Marketing. Produktqualität, Preis, Services, aber auch das Markenversprechen als Bestandteile des Angebotes sind wichtige Entscheidungskriterien für den Produktkauf (Kolbrück 2013, S. 196). Für den Partner endet sein direkter Beitrag auf die Transaktion bei der Optimierung der eigenen Onlinepräsenz (Häffner 2019). Affiliates haben weder Einfluss auf die **Conversion Rate** im Merchant-Onlineshop noch auf die Produkte, die der Merchant mit seinen Werbemitteln anpreist. Niedrige Conversions bedeuten für den Affiliate geringe Provisionserlöse. Er muss darauf vertrauen, dass der Merchant jedwede Anstrengungen unternimmt, seinem Onlineshop mit einem einfach und transparent gestalteten Transaktionsprozess eine hohe **Usability** und eine ansprechende **Customer Experience** zu verleihen. Affiliates orientieren sich an den ausgelobten Provisionen der Merchants und bewerben eher Partnerprogramme, die hohe Vergütungen bieten. Für erfahrene Affiliates ist die **Konversionsstärke** entscheidend (Kolbrück 2013, S. 196). Sie bewerten das Verhältnis an vermittelten Klicks und daraus resultierten Verkäufen. Denn aus ihrer Sicht ist es wenig zielführend, Aufwand in die Bewerbung eines Partnerprogramms zu investieren, welches zwar die höchsten Provisionen bietet, aber nur wenige Verkäufe, also geringe Conversions hervorruft (Kolbrück 2013, S. 196). Je höher die Conversion Rate im Onlineshop, umso erfolgversprechender ist das vorgelagerte Engagement der Affiliates.

Die Kommunikationsfunktion des Affiliates basiert darauf, dass er durch die Einblendung von Werbemitteln eine **Empfehlung** zum Ausdruck bringt. Diese Empfehlung ist umso nachhaltiger, als das empfohlene Produkt respektive die empfohlene Dienstleistung inhaltlich zum Informationsangebot des Affiliates passt (Holland 2016, S. 83). Die Überzeugungskraft von Empfehlungen basiert im Online-Marketing nicht auf einer direkten zwischenmenschlichen Kommunikation. In der digitalen Welt spielt es keine Rolle, ob sich **Sender** und **Empfänger** real begegnen (Deges 2018, S. 9). Empfehlungen von Dritten, auch wenn sie persönlich nicht bekannt sind, wird eine hohe Glaubwürdigkeit und Authentizität zugeschrieben. Insofern eignen sich insbesondere seriöse Social-Media-Influencer mit einer hohen Informationsdichte und einer hohen Reichweite für die Bewerbung von Partnerprogrammen. Eine Empfehlung beinhaltet eine **Informationskomponente** und eine implizite **Handlungsanregung** (Helm 2000, S. 20) oder in einer expliziteren Formulierung der Werbebotschaft eine direkte **Handlungsaufforderung** (Call to Action). Die Empfehlung ist keine personalisierte Werbung, sie richtet sich nicht als persönliche Botschaft an eine einzelne Person, sondern adressiert alle Besucher der Website, die sich durch eine aufmerksamkeitsstarke Werbebotschaft angesprochen fühlen. Der Affiliate sorgt für eine Initialzündung, er schafft Aufmerksamkeit für das Leistungsangebot des Merchants und dient damit durch seine **Reputation** als **Referenz** für den Websitebesucher.

> **Call to Action**
> Call to Action ist eine prägnant formulierte Handlungsaufforderung, die zu einer direkten und unmittelbaren Aktion der Adressaten einer Marketingkampagne führen soll. Im Online-Marketing werden Internetnutzer über Call-to-Action-Buttons auf eine für die Durchführung der Aktion hinterlegte Website oder Webanwendung weitergeleitet.

Call-to-Action-Buttons heben mit Formulierungen wie „Jetzt kaufen", „Sofort registrieren" oder „Jetzt teilnehmen" die durch den Klick auf das Werbemittel erwartete Handlung sprachlich eindeutig hervor. Schon vor dem Klick ist damit die Intention des Werbenden transparent zum Ausdruck gebracht. Für den Internetnutzer ist das Affiliate-Marketing nicht als performancebasierte Werbemaßnahme erkennbar, da für ihn mit der Platzierung von Affiliate-Bannern kein direkter Unterschied zu einer klassischen **Bannerwerbung** erkennbar ist (Holland 2016, S. 82).

> **Merke!**
> Die reine Bannerwerbung unterscheidet sich von Bannern mit integrierten Affiliate-Links durch ihren Vermarktungsansatz. Werbemittel im Affiliate-Marketing sind in erster Linie transaktionsfördernd, um den Abverkauf von Produkten über eine performancebasierte Vergütung zu vermitteln, während die reine Bannerwerbung primär aufmerksamkeitsfördernd als klickbasiert abgerechnete Onlinewerbung zur Steigerung des Bekanntheitsgrades anzusehen ist.

Jeder Affiliate muss auf die Zielseite des Merchants verlinken, damit dort die intendierte Handlung durchgeführt werden kann. Durch die Rückverweise werden **Backlinks** generiert. Die Anzahl, aber auch die Qualität der Backlinks ist ein Gradmesser der **Linkpopularität** oder **Relevanz** einer Website. Eine hohe Linkpopularität befördert das **Ranking** der Merchant-Website in den Trefferlisten der Suchmaschinen. Die Linkpopularität wird jedoch nur dann bedient, wenn das Partnerprogramm in Eigenregie betrieben wird. Wenn Affiliate-Netzwerke eingesetzt sind, dann werden Affiliate-Links zunächst auf das Netzwerk geleitet, wo das Tracking der Werbemittelaufrufe erfasst und von dort auf die Merchant-Website weitergeleitet wird. Das Affiliate-Marketing verknüpft sich mit anderen Instrumenten des Online-Marketings und erzeugt, wie Abb. 1.2 im Überblick darstellt, Wirkungsbeziehungen mit dem E-Mail-/Newslettermarketing, dem Suchmaschinenmarketing (Keyword Advertising und Suchmaschinenoptimierung), dem Social-Media-Marketing in der Ausprägung des Influencer-Marketings und der Onlinewerbung (Lammenett 2017, S. 410 ff.).

1 Einordnung des Affiliate-Marketings ... 15

Abb. 1.2 Affiliate-Marketing-Wechselwirkungen im Online-Marketingmix. (Eigene Darstellung)

Der Erfolg des **E-Mail-/Newslettermarketings** basiert auf einem qualifizierten Verteiler, über den die Zielgruppe aufmerksamkeitsstark angesprochen werden kann. Das Affiliate-Marketing leistet einen Beitrag zur Leadgenerierung, indem die Registrierung für einen Newsletter über das Partnerprogramm beworben wird und damit die Reichweite des Newsletterversands ausgebaut werden kann. Durch die Backlinks vieler Affiliates wird die **Suchmaschinenoptimierung** der Merchant-Websites befördert. Im Bereich der **Onlinewerbung** profitieren Merchants von einer erheblich höheren Sichtbarkeit und Verbreitung ihrer Werbemittel, für deren Streuung sie keine direkten Aufwendungen kalkulieren müssen. Klassische, rein auf **Cost per Mille** (CPM = Tausend-Kontakt-Preis) abgerechnete Bannerwerbung mit eher geringer Performanceausrichtung kann gegebenenfalls im Online-Marketingmix reduziert werden und die Kosteneinsparungen dem Budget des Affiliate-Marketings zugeschlagen werden. Das

Influencer-Marketing wird befördert, wenn Bloggern anstelle einer **Festpreisvergütung** für veröffentlichte Posts eine erfolgsorientierte Umsatzbeteiligung über das Partnerprogramm angeboten wird. Die **Motivation** des Influencers wird gesteigert und auch reichweitenstarke Influencer mit einer Vielzahl an Kooperationsanfragen können eher für das eigene Unternehmen gewonnen werden, weil eine umsatzabhängige Vergütung attraktiver ist als ein Fixum für das Posten von Empfehlungen (Deges 2018, S. 97).

1.3 Formen des Affiliate-Marketings

Im Affiliate-Marketing werden mit dem linkbasierten und dem integrativen Ansatz zwei grundlegende Formen der Kooperation differenziert. Beim **linkbasierten Affiliate-Marketing** führt der Klick auf einen Textlink oder ein Banner direkt auf die Website des

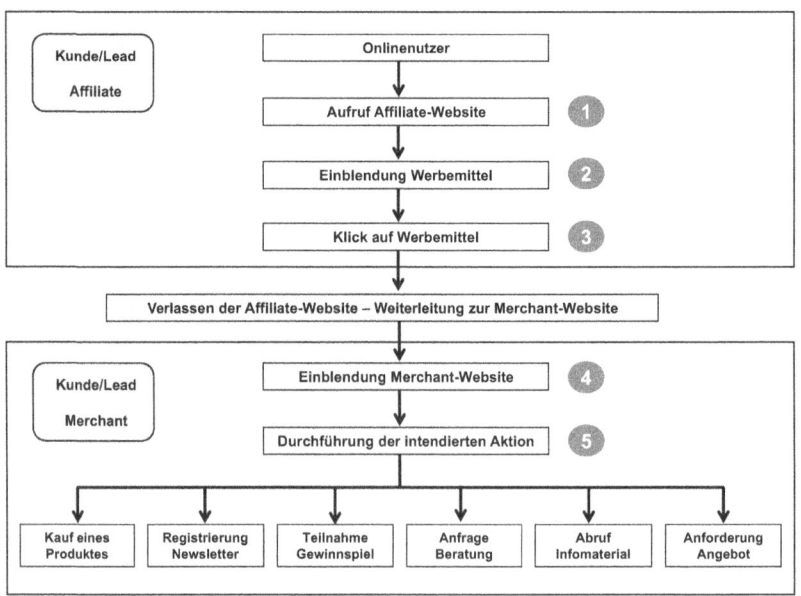

Abb. 1.3 Ablauf des linkbasierten Affiliate-Marketings. (Eigene Darstellung)

werbenden Unternehmens. Wie Abb. 1.3 visualisiert, verlässt damit der Internetnutzer die Affiliate-Website und beendet dort seine **Session.** Es ist nicht notwendig, dass er nach dem Besuch der Merchant-Website auf die Affiliate-Website zurücknavigiert (Büttgen 2002, S. 567). Es sei denn, er intendiert mit der Rückkehr die Recherche nach weiteren Werbeangeboten. Die Partnerprogramme erhöhen zwar die Attraktivität der Affiliate-Website, sie zahlen aber nicht zwangsläufig auf die **Kundentreue** ein. Sollte aus der Vermittlungsleistung des Affiliates eine neue **Kundenbeziehung** erwachsen, so kann dieser **Neukunde** bei Folgekäufen direkt die Merchant-Website adressieren (Olbrich et al. 2015, S. 62).

Mit dem **integrativen Affiliate-Marketing** werden nicht die Werbemittel, sondern die Zielseiten des Merchants, beispielsweise sein Onlineshop, in die Affiliate-Website über einen **Frame** integriert. Die Produkte und Leistungen des Merchants können auf diese Weise direkt über die Affiliate-Website bestellt werden (Büttgen 2002, S. 567). Die Auslieferung der Bestellung wickelt der Merchant ab, der Affiliate ist somit auch beim integrativen Affiliate-Marketing nicht in die **Warenlogistik** involviert und wird kein **Vertragspartner** des Kunden. Der Websitebesucher muss somit für den Produktkauf die Onlinepräsenz des Affiliate nicht verlassen, er kann seine Session auch nach der **Transaktion** fortsetzen (Lücke 2014). Der Vorteil liegt für den Affiliate in einer höheren Transparenz über den Erfolg des Partnerprogramms. Während er beim linkbasierten Affiliate-Marketing keine transaktionsbezogenen **Daten** direkt erheben kann, überwacht er in der integrativen Anbindung die erzielten Conversions und monitort dadurch in Realtime seinen Erfolgsbeitrag (Büttgen 2002, S. 570). Diese auch als **Site-in-Site-Technologie** oder **Shop-in-Shop-System** bezeichnete Variante konnte für das Affiliate-Marketing keine breite Marktakzeptanz etablieren, sodass der linkbasierte Ansatz heute die vorherrschende Form der Steuerung von Partnerprogrammen darstellt (Lammenett 2017, S. 62).

1.4 Entwicklung und Status quo des Affiliate-Marketings

Um den Beginn des Affiliate-Marketings rankt sich ein **Gründungsmythos** (Kolbrück 2013, S. 183), bei dem Amazon Pate gestanden haben soll. In Medien wird gerne die Anekdote kolportiert, nach der die Idee zum Affiliate-Marketing auf einer Party entstand, bei der ein Gast dem Amazon-Gründer Jeff Bezos vorschlug, Bücher auf seiner Website vorzustellen und diese dann auf den Amazon-Onlineshop zu verlinken. Die Idee wurde umgesetzt und im Juli 1996 startete Amazon sein erstes Partnerprogramm (BVDW 2018, S. 6). Das Jahr 1996 gilt somit gemeinhin als das Geburtsjahr des Online-Affiliate-Marketings, auch wenn die US-amerikanischen Unternehmen PC Flowers and Gifts und CDNow bereits 1994 ähnliche Partnerprogramme aufgelegt haben sollen (Kellermann 2020, S. 1).

Im Laufe der Jahre ist Affiliate-Marketing zu einem etablierten Instrument des Online-Marketings geworden und war dabei immer einem steten Wandel unterworfen, indem es sich weiterentwickelt, diversifiziert und professionalisiert hat (BVDW 2020, S. 9). Das denkbar einfache Prinzip einer performancebasierten Vergütung war von Beginn an für Merchants und Affiliates gleichermaßen attraktiv und hat für ein kontinuierliches **Wachstum** des Affiliate-Marktes gesorgt. Eine Vielzahl von **Publisher-Modellen** ist entstanden und Affiliate-Netzwerke haben für eine breite **Marktdurchdringung** gesorgt. Vor allem sind es die vielen Merchants in allen Wirtschaftszweigen und Branchen, die das Potenzial des Affiliate-Marketings für ihre Produktvermarktung entdeckt und Partnerprogramme fest in ihren Online-Marketingstrategien verwurzelt haben. Das hohe Interesse von Affiliates nach Partnerprogrammen zeigt sich daran, dass in den meisten Affiliate-Netzwerken die Anzahl registrierter Affiliates bei Weitem die Zahl der Merchants übersteigt (Giegerich 2018).

Repräsentative **Marktzahlen** sind kaum vorhanden, bedauerlicherweise liegen auch keine Langzeitstudien zur Marktentwicklung des Affiliate-Marketings vor. Laut einer Studie des **Bundesverbands Digitale Wirtschaft** (BVDW) wurden 2016 im deutschen **Online-**

handel 7,62 Mrd. EUR durch Affiliate-Marketing umgesetzt (BVDW 2018, S. 15). Dadurch wurde 2016 im Onlinehandel jeder sechste Euro über Affiliates erlöst (Nötting 2017). Im Jahr 2014 lag der **Umsatz** durch Partnerprogramme noch bei 6,24 Mrd. EUR, 2015 waren es bereits 6,99 Mrd. (BVDW 2018, S. 15). Man kann davon ausgehen, dass sich das Wachstum auch in den Folgejahren verstetigt hat (Giegerich 2018). Laut dem Affiliate-Marketing-Trendreport 2020 der Digitalmarketingagentur xpose360 GmbH sind bei 61 % der Merchants die Umsätze im Jahr 2019 gestiegen. Auch 74 % der Affiliates und 90 % der Agenturen und Netzwerke melden gestiegene Umsätze. Positiv scheint der Ausblick auf das laufende Jahr 2020. 78 % der Merchants rechnen mit mehr Umsatz als im Jahr 2019. Bei den Affiliates rechnen 61 % mit steigenden Umsätzen und bei den Agenturen/Netzwerken sind es 59 % (Kellermann 2020, S. 1 und 29).

> **Ihr Transfer in die Praxis**
>
> Überprüfen Sie, inwieweit Ihr Online-Marketing bereits auf einen konsequenten Einsatz performancebasierter Instrumente ausgerichtet ist.
> Reflektieren Sie, über welche unternehmenseigenen und unternehmensfremden Kontaktpunkte Onlinenutzer mit Ihrem Produkt- und Leistungsangebot in Berührung kommen.
> Versuchen Sie, mithilfe des Customer Journey Ansatzes typische Kaufentscheidungsprozesse Ihrer Zielkunden nachzubilden.
> Bewerten Sie Ihre Maßnahmen zur Neukundengewinnung und hinterfragen Sie, ob Vertriebskooperationen Ihre Neukundenquote substanziell steigern können.

Literatur

Bernecker, M. (2019). Was ist Affiliate Marketing? Die Cash Machine der Onlinewelt? https://www.marketinginstitut.biz/blog/was-ist-affiliate-marketing/. Zugegriffen: 29. Febr. 2020.
BITKOM. (2008). *Affiliate Management*. Berlin: BITKOM.
Büttgen, M. (2002). Affiliate Marketing. *Die Betriebswirtschaft, 5,* 566–571.

BVDW. (2018). *Die Ersten werden die Letzten sein. Affiliate Marketing – Chancen nutzen*. Berlin: BVDW.
BVDW. (2020). *Datenschutzkonformes Affiliate-Marketing – Eine rechtliche Einordnung*. Berlin: BVDW.
Deges, F. (2018). *Influencer Marketing*. Wiesbaden: Springer Gabler.
Giegerich, C. (2018). 15 wichtige Affiliate-Marketing-Statistiken, auf die Du einen Blick werfen solltest. https://www.awin.com/de/affiliate-marketing/15-affiliate-statistiken. Zugegriffen: 5. März 2020.
Häffner, C. (2019). Warum Affiliate Marketing das beste Geschäftsmodell für Blogger ist. https://letsseewhatworks.com/affiliate-marketing/. Zugegriffen: 11. Nov. 2019.
Haller, S. (2018). *Handelsmarketing*. Herne: NWB Kiehl.
Helm, S. (2000). *Kundenempfehlungen als Marketinginstrument*. Wiesbaden: Gabler.
Holland, H. (2016). *Dialogmarketing*. München: Vahlen.
Kärner, S. (2016). Affiliate Marketing: Lohnt es sich für mein Unternehmen? https://www.suchradar.de/magazin/61/affiliate-marketing-lohnt-es-sich-fuer-mein-unternehmen. Zugegriffen: 11. Nov. 2019.
Kellermann, M. (2020). Affiliate Marketing. Trend-Report 2020. https://www.xpose360.de/news-trends/case-studies/trends-affiliate-marketing-2020/. Zugegriffen: 5. März 2020.
Kenning, P. (2018). Vertriebskooperation. https://wirtschaftslexikon.gabler.de/definition/vertriebskooperation-47337. Zugegriffen: 10. Febr. 2020.
Kirchgeorg, M. (2018). Marketing. https://wirtschaftslexikon.gabler.de/definition/marketing-39435. Zugegriffen: 23. Febr. 2020.
Kolbrück, O. (2013). *Erfolgsfaktor Online-Marketing*. Frankfurt a. M.: Deutscher Fachverlag.
Kollewe, T., & Keukert, M. (2016). *Praxiswissen E-Commerce*. Köln: O'Reilly.
Kollmann, T. (2013). *Online-Marketing*. Stuttgart: Kohlhammer.
Kollmann, T. (2016). *E-Entrepreneurship*. Wiesbaden: Springer Gabler.
Kreutzer, R. (2016). *Online-Marketing*. Wiesbaden: Springer Gabler.
Kreutzer, R. (2018). *Praxisorientiertes Online-Marketing*. Wiesbaden: Springer Gabler.
Lammenett, E. (2017). *Praxiswissen Online-Marketing*. Wiesbaden: Springer Gabler.
Lücke, F. (2014). Integratives Affiliate Marketing – Die Shop-in-Shop Lösung. https://www.ecin.de/fachartikel/16400-integrativ-affiliate-marketing-loesung.html. Zugegriffen: 29. Febr. 2020.

Meffert, H., Burmann, C., & Kirchgeorg, M. (2015). *Marketing*. Wiesbaden: Springer Gabler.

Neto, J. (2020). Vertriebskooperation. https://www.ihk-exportlexikon.de/lexikon/vertriebskooperation. Zugegriffen: 10. Febr. 2020.

Nötting, T. (2017). Affiliate-Marketing sorgt für Milliardenumsatz. https://www.wuv.de/marketing/affiliate_marketing_sorgt_fuer_milliardenumsatz. Zugegriffen: 5. März 2020.

Olbrich, R., Schultz, C., & Holsing, C. (2015). *Electronic Commerce und Online-Marketing. Ein einführendes Lehr- und Übungsbuch*. Berlin: Springer Gabler.

Picot, A. (1982). Transaktionskostenansatz in der Organisationstheorie: Stand der Diskussion und Aussagewert. *Die Betriebswirtschaft, 2,* 267–284.

Picot, A. (1986). Transaktionskosten im Handel. Betriebs-Berater (27). *Beilage, 13,* 2–16.

Wirtz, B. W. (2013). *Multi-Channel-Marketing*. Wiesbaden: Springer Gabler.

2
Akteure des Affiliate-Marketings

> **Was Sie aus diesem Kapitel mitnehmen**
>
> Welche Rollen die verschiedenen Akteure im Affiliate-Marketing ausfüllen
> Welche Arten von Merchants in Partnerprogramme investieren
> Welche Intentionen gewerbliche und nichtgewerblich agierende Affiliates ihrer Teilnahme an Partnerprogrammen zugrunde legen
> Welchen Kategorien, Marktsegmenten und Publisher-Modellen Affiliates zugeordnet werden können
> Wie sich Affiliate-Netzwerke, Metanetzwerke und Agenturen mit ihren Dienstleistungen als Mittler zwischen Merchant und Affiliate positionieren

Lässt man zunächst die Internetnutzer als die Adressaten des Affiliate-Marketings außen vor (dazu ausführlich in Abschn. 3.2: Ziele und Zielgruppen), so sind in der Initialisierung, Durchführung und Koordination des Affiliate-Marketings mit Merchant (Advertiser), Affiliate (Publisher), Affiliate-Netzwerken, Metanetzwerken und Affiliate-Marketingagenturen verschiedene Akteure zu differenzieren, deren Rollen und Funktionen in den folgenden Abschnitten thematisiert sind.

2.1 Merchants

Der Merchant ist der Initiator und Anbieter eines Partnerprogramms. Er wird auch als **Advertiser** bezeichnet, da er derjenige ist, der Werbemittel zur Einbindung in die Websites Dritter zur Verfügung stellt (BITKOM 2008, S. 5). Ebenso finden sich Titulierungen wie **Verkäufer** (Seller) oder **Händler,** dies bedeutet aber nicht, dass Merchants zwingend Handelsbetriebe im institutionellen Sinne sein müssen. Unternehmen aller Wirtschaftszweige und Branchen betreiben Affiliate-Marketing, dies sind neben Handelsbetrieben auch Produktionsunternehmen und Dienstleister. Merchants sind ausschließlich gewerblich tätige Anbieter, die ihre Kommunikationskanäle und Absatzwege durch **Werbe- und Vertriebspartnerschaften** erweitern. Ein Merchant ist eigenverantwortlich in der Ausgestaltung seiner **Vertriebsstrategie** und unabhängig in seiner Entscheidung für den Aufbau eines Partnerprogramms. Diese ist durch die unternehmensspezifische Bewertung des Nutzens und des **Erfolgspotenzials** determiniert. Jedes Unternehmen kann Affiliate-Marketing betreiben. Dazu bedarf es keiner Qualifizierung, Zertifizierung oder Akkreditierung. Die Installation eines Partnerprogramms ist weniger eine Frage der kritischen Unternehmensgröße, sondern der Attraktivität des angebotenen Produkt- und Leistungsprogramms für externe Vertriebspartner. Ob Konzern, Mittelständler, Kleinbetrieb oder Start-up, aus Sicht des Merchant ist die Frage der Optimierung der **Vertriebspolitik** über direkte und/oder indirekte Absatzkanäle entscheidend. Der Merchant geht dabei nur ein geringes **Risiko** ein. Sein **Ressourceneinsatz** ist überschaubar und den zu zahlenden Provisionen steht als Gegenwert eine Absatz- und Umsatzsteigerung zu Buche. Häufig kooperiert ein Merchant mit vielen Affiliates gleichzeitig, um über eine breite **Streuung** eine hohe **Sichtbarkeit** seiner Werbemittel zur Gewinnung von Interessenten und Kunden zu erreichen (Kreutzer 2018, S. 250). Die Merchant-Websites profitieren zudem von hochwertigen **Backlinks,** denn alle Affiliates verlinken sich über die eingesetzten Werbemittel mit der Website des Merchants, falls das Partnerprogramm nicht über ein Affiliate-Netzwerk administriert wird. Viele externe Links auf eine Website stehen als Indikator für Relevanz, sie sind ein wichtiges Instrument der **Offpage-Suchmaschinenoptimierung** (Deges 2020, S. 166), auch wenn vor einigen Jahren ihre Bedeutung durch die Suchmaschinen zugunsten anderer Rankingfaktoren abgewertet wurde.

Partnerprogramme sind primär ein Marketing- und Vertriebsinstrument von Onlinehändlern. Für **Internet Pure Player** mit dem ausschließlichen Vertrieb über das Internet ist Affiliate-Marketing ein wichtiger Hebel, um in ihrem **Onlinevertriebskanal** über viele Partner mit einer hohen visuellen Präsenz eine Steigerung des Bekanntheitsgrades ihres Produkt- und Leistungsangebotes zu erreichen. Für Dienstleister geht es je nach Komplexität und Erklärungsbedürftigkeit ihrer Leistungen nicht immer nur um direkte Sales als vielmehr um die **Leadgenerierung** als Ziel ihrer Partnerprogramme. Merchants als Dienstleister finden sich vornehmlich bei Leistungsangeboten der Finanz-, Versicherungs-, Touristik- und Freizeitgestaltungsbranche. In der Vermarktung physischer Produkte finden sich Merchants vornehmlich in den Warenkategorien Schuhe, Mode und Bekleidung, Bücher und Medien, Möbel und Wohnaccessoires, Consumer Electronics sowie Beauty und Kosmetik.

2.2 Affiliates

Als Pendant zum Merchant ist der Affiliate, auch als **Publisher** bezeichnet, diejenige natürliche oder juristische Person, die als externer Vertriebspartner die Werbemittel des Merchant auf ihrer Website einbindet (BITKOM 2008, S. 5). Wie Abb. 2.1 grafisch visualisiert, lassen sich Affiliates verschiedenen Geschäftsmodellen zuordnen, diese werden als **Publisher-Modelle** bezeichnet.

Gutschein-Publisher (Couponing Publisher)
Websites von Gutschein-Publishern haben ihr Geschäftsmodell auf die Bereitstellung von aktuellen, unmittelbar einlösbaren und zeitlich befristeten Gutscheinen, Coupons oder Aktionscodes ausgerichtet. Über deren Download und Einlösung durch ihre Websitebesucher

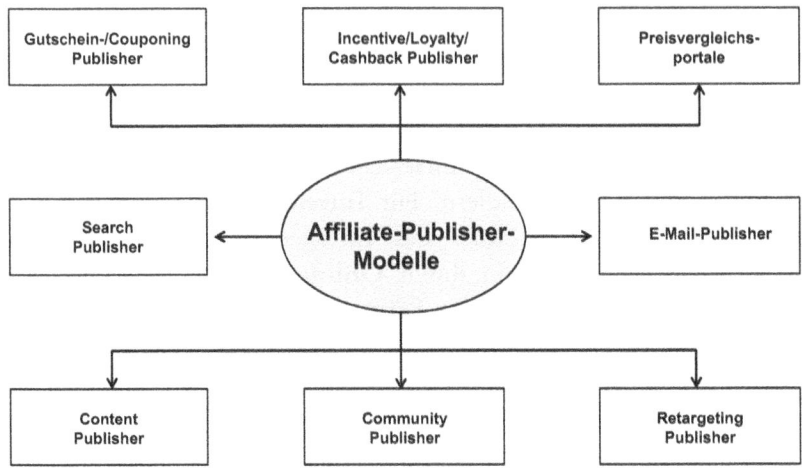

Abb. 2.1 Affliate-Publisher-Modelle. (Eigene Darstellung)

generieren sie Provisionserlöse (Allgeyer 2014). Da viele Internetnutzer vor dem Produktkauf nochmal gezielt nach **Rabatten** suchen, stehen Gutschein-Publisher für eine enorme **Reichweite** und hohe Besucherfrequenz (Allgeyer 2014). Ein **Preisnachlass** erhöht die **Kaufbereitschaft** der Konsumenten und steht für hohe **Conversion Rates**, da die zeitliche Befristung des Angebotes eine schnelle Entscheidung des Konsumenten verlangt (Dziallas 2013). Gutscheinaktionen sind für den Merchant ein zweischneidiges Schwert, sie stehen für eine Umsatzsteigerung, bedeuten für ihn jedoch auch eine niedrigere Marge, da neben dem Rabatt auch die Provision den **Produktdeckungsbeitrag** verringert. Da sich attraktive Rabattaktionen auch viral im Internet verbreiten (Dziallas 2013), ist Merchants zu empfehlen, bei der Streuung von Gutscheinkampagnen gezielt mit ausgewählten Gutschein-Publishern zusammenzuarbeiten. Des Weiteren sollte die Gutscheineinlösung an einen **Mindestbestellwert** über dem durchschnittlichen **Warenkorbwert** der Bestandskunden gekoppelt werden, um die Kosten der Rabattaktion zumindest teilweise durch insgesamt wertigere Warenkörbe aufzufangen. Generell ist auch zu regeln, ob bei einer späteren Teilrücksendung, die den Mindestbestellwert nachträglich unterschreitet, der Rabatt wieder entfällt. Das rechtlich eindeutige Wording wäre **Mindestkaufbetrag** anstatt Mindestbestellwert, da damit im Falle einer Unterschreitung des Mindestkaufbetrags bei einer Teilrücksendung der Rabatt zurückgenommen werden kann (Dziallas 2013).

Incentive/Loyalty/Cashback Publisher
Incentives gewähren zusätzliche Kaufanreize und begünstigen die Kaufentscheidung (Kösters 2008, S. 392). Dies können Prämien, Produktbeigaben, Mengenrabatte, Verlosungen, Bonuspunkte oder Rückerstattungen sein (Allgeyer 2014). **Loyalty Publisher** wie Payback bieten online wie auch offline Einkaufsvorteile in Form von Treue- respektive Bonuspunkten, die nach Erreichen bestimmter Punktzahlen gegen Prämien oder Auszahlungen eingelöst werden können (BVDW 2020, S. 9). Damit „belohnen" sie ihre Kunden für Wiederholungskäufe und schaffen eine nachhaltige Kundenbindung (Meffert et al. 2015, S. 503). Dem Publisher können alle über das Programm vermittelten Käufe eines einmal registrierten Teilnehmers auch langfristig zugeordnet werden (Kösters 2008, S. 392). Reine **Cashback Publisher** wie Shoop, Getmore und Cashbackdeals.de und viele weitere Anbieter fokussieren auf Rückvergütungen mit Geld-zurück-Aktionen (BVDW 2020, S. 9). Anstelle von Bonuspunkten schütten sie einen Teil ihrer Provision als Bargelderstattung, Wertgutschein oder virtuelles Guthaben an ihre Kunden aus (Shoop 2020) und profitieren dadurch ebenfalls von hohen Kundenbindungseffekten.

E-Mail-Publisher
E-Mail-Publisher bieten ihre umfangreichen Adressverteiler für Werbemittelaussendungen des Merchants über Werbe-E-Mails und Newsletter an (Allgeyer 2014). Die Mailings können exklusiv Angebote nur eines Merchants (**Stand-alone-Kampagne**) oder Angebote mehrerer Merchants umfassen (BVDW 2020, S. 10). Provisionen erhalten sie, wenn die Empfänger dieser Aussendungen auf attraktive Angebote aufmerksam werden und über die verlinkten Werbemittel auf den Websites der Merchants Transaktionen durchführen (Allgeyer 2014).

Preisvergleichsportale
Preisvergleichsportale stehen ebenso wie die Gutschein- und Cashback Publisher für eine hohe **Reichweite** und überdurchschnittliche Conversions, da sie durch die Gegenüberstellung von vergleichbaren Angeboten für **Preistransparenz** stehen und dem Konsumenten einen hohen Nutzen durch die Senkung seines Suchaufwandes bieten. Der **Preisvergleich** ist ein internalisierter Bestandteil des Kaufentscheidungsprozesses und prägt nahezu ausnahmslos das **Onlinekaufverhalten** der Konsumenten. Neben der Provision für erfolgreich vermittelte Umsätze sind für den Merchant bei reichweitenstarken Preisvergleichsportalen wie idealo.de, geizhals.de, billiger.de und check24 auch **Werbekostenzuschüsse** (WKZ) einzukalkulieren. Preisvergleichsportale bedienen sich vornehmlich des Pay-per-Click-Provisionsmodells, manche Geschäftsmodelle sind auch an den Conversions mit einer Umsatzprovision beteiligt (Zechlin 2017). Preisvergleichsportale mit hoher Marktpräsenz streben immer stärker eine **Direktkooperation** mit Merchants an, um die Abhängigkeit von einem Pay per Sale zu reduzieren (BVDW 2018, S. 10).

Search Publisher
Search Publisher sind mit ihrem Geschäftsmodell primär auf die Trafficgenerierung über hohe Rankings in den Keywordtrefferlisten der Suchmaschinen ausgerichtet. Im Kontext der **Suchmaschinenoptimierung** werden alle Potenziale der grafisch und inhaltlich relevanten Gestaltungsoptimierung der Website genutzt, um Suchmaschinentraffic für die von ihnen beworbenen Partnerprogramme zu generieren. Im Kontext des **Keyword-Advertisings** wird gezielt die Suchmaschinenwerbung eingesetzt, um für die beworbenen Partnerprogramme hohe Platzierungen zu erreichen. In der Regel kombinieren sie vermarktungsrelevante **Keywords** des Merchants mit Zusätzen wie „günstig" oder „preiswert" und erstellen optimierte Landingpages zu den Produkten des Merchants (Allgeyer 2014) oder verlinken die Anzeigen direkt mit der Merchant-Website. Dieses **Keyword-Bidding** (siehe Abschn. 5.3) kann dazu führen, dass bei relevanten Keywords der Affiliate in den Trefferlisten der Suchmaschinen höher als der Merchant gelistet ist. Die Search Publisher gehen in Vorleistung,

indem die Buchung von **Paid Search** ihnen zunächst Aufwendungen durch das Cost per Click verursacht, denen bei erfolgreicher Vermittlung Einnahmen durch Pay per Sale gegenüberstehen. Ihr Erlös ist die **Arbitrage,** also die Differenz zwischen den Kosten des Keyword-Advertisings und den erwirtschafteten Provisionen (Kösters 2008, S. 394).

Content Publisher
Themenportale mit einer hohen Informationsdichte an qualitativ gehaltvollem **Content** ermöglichen die Platzierung von Werbemitteln in einem kontextsensitiven redaktionellen Umfeld (Bernecker 2019). Je hochwertiger der Content, desto höher ist das Vertrauen der Internetnutzer in die Seriosität des Informationsangebotes. Medienkonzernen wie der Funke Mediengruppe, Bertelsmann, Burda und Axel Springer bietet Affiliate-Marketing eine attraktive Form der **Monetarisierung** ihres eigenkreierten Contents über Onlinekanäle (Kellermann 2020). Themenportale stehen für eine kompetente Informationsaufbereitung und können neben dem eigenkreierten Content auch fremderstellte Inhalte von **Contentprovidern** (Inhalteanbieter) in ihre Websites integrieren. Dies können Fachbeiträge, Interviews, Studien, Umfragen, Produktvergleiche, Ratgeber, Test- und Erfahrungsberichte oder Rezensionen sein. Werden Content Publisher durch ihre redaktionelle Qualität von den Internetnutzern als kaufentscheidungsunterstützende **Points of Information** wahrgenommen, so sind sie prädestiniert für eine Empfehlung contentaffiner Produkte (Kösters 2008, S. 387). In einigen Branchen und Warenkategorien haben Content Publisher einen signifikanten Einfluss auf die Vermarktung von Produkten und Dienstleistungen. Dies betrifft insbesondere Fashion und Beauty, aber auch Lifestyle, Travel, Fitness und Food.

Community Publisher (Social-Media-Influencer und Blogger)
Im professionellen, semiprofessionellen und auch im privaten Bereich sind es Einzelpersonen, die als **Social-Media-Influencer** oder **Blogger** aktiv sind und mit ihren Produktempfehlungen für Partnerprogramme prädestiniert sind. Ihre **Werbewirkung** ist hoch, denn sie kreieren und streuen zielgruppenspezifischen Content passend zu den von ihnen

bespielten Accounts und den Erwartungen ihrer **Community** (Deges 2018, S. 21 f.). Authentische und glaubwürdige Influencer stehen für eine hohe Besucherfrequenz. Sie erhalten eine Umsatzbeteiligung in Form einer Provision, wenn ihre Empfehlungen über einen **Affiliate-Link** zur direkten Weiterleitung ihrer Fans/Follower/Abonnenten in den Onlineshop führen (Deges 2018, S. 97). Merchants profitieren von der hohen Reichweite und der treuen **Fangemeinde** des Influencers. Über **Influencer-Kampagnen** kann in kurzer Zeit ein hoher Abverkauf beworbener Produkte erfolgen. Insbesondere in der Mode haben Influencer die **Produktvermarktung** nachhaltig verändert. Reichweitenstarke **Modeblogger** inspirieren ihre Follower und lösen mit direkten **Kaufempfehlungen** eine hohe Nachfrage aus. Auch im Beauty- und Kosmetikbereich kommt es bei Produktempfehlungen zu hoher Nachfrage bis hin zum schnellen Ausverkauf der Produkte. Kochshows, die sich im TV einer großen Beliebtheit erfreuen, finden in Social Media ein Pendant in **Food-Bloggern,** die zwar keine prominenten Sterneköche sind, aber mit viel Begeisterung und Enthusiasmus gerade durch das Bild- und Videoformat eine große Fangemeinde aufgebaut haben. Ein hochgradig zielgruppenaffines Umfeld für die Platzierung von Werbebannern für Küchengeräte, Küchenutensilien, Gewürze und Lebensmittel (Deges 2018, S. 20 ff.).

> **Weblogs**
>
> Weblogs (Kurzform: Blog) sind eine Art Onlinetagebuch mit chronologisch sortierten Beiträgen (Hettler 2010, S. 43). Blogbeiträge sind ähnlich einem redaktionellen Artikel aufgebaut, was deren Authentizität und Glaubwürdigkeit verstärkt. Ein Blog wird häufig mit Verlinkungen zu weiteren Blogs und Websites versehen, ebenso werden aktuelle Beiträge mit älteren Blogbeiträgen verknüpft, was Reichweite und Relevanz erhöht (Deges 2018, S. 57).

Retargeting Publisher
Durch ein Retargeting sollen Konsumenten, die sich noch nicht zu einem Kauf entschlossen haben, über gezielt wiederholte Werbebannereinblendungen erneut angesprochen und zum Abschluss des Kaufs

animiert werden (Allgeyer 2014). Zu diesem Zweck buchen Retargeting Publisher Werbeplätze **(Display Slots)**, um dort die **Retargeting-Werbemittel** des Merchants wiederholt auszuspielen (BVDW 2020, S. 11). Für die Provisionen werden häufig **hybride Vergütungsmodelle** (siehe Abschn. 4.3) eingesetzt. Dem Merchant wird dabei neben der Umsatzprovision auch ein Anteil an den Werbeschaltungskosten in Rechnung gestellt. Beim **statischen Retargeting** zielen die Werbemittel eher allgemein auf die Website des zuvor besuchten Merchants ab, während beim **dynamischen Retargeting** die Werbung gezielt auf das zuvor recherchierte Produkt ausgespielt wird (Kotodziejska 2017).

Als reines **Affiliate-Geschäftsmodell** betreiben Affiliates ihre Websites nur zu dem Zweck, mit einer Vielzahl an Kooperationen eine **Monetarisierung** ihrer Onlinepräsenzen zu erwirtschaften (BVDW 2018, S. 6), daher sind sie per se keine exklusiven Vertriebspartner, auch wenn viele kleinere Affiliates nur wenige Partnerprogramme integrieren. Reichweitenstarke Affiliates werden von den Merchants umworben und können ihre Kooperationspartner auswählen, daher müssen sie vom Merchant mit attraktiven **Konditionen** und **Services** zur Teilnahme am Partnerprogramm überzeugt werden (Kösters 2008, S. 395). Die Entscheidung fällt dem Affiliate umso leichter, desto attraktiver und conversionträchtiger die zu bewerbenden Leistungen sind (Kolbrück 2013, S. 194). Denn für einen Affiliate ist die Partnerschaft mit einem Merchant erst dann attraktiv, wenn diese für ihn substanzielle Einnahmen generiert. Um dies zu erreichen, bedienen sie sich der gleichen Onlinemarketinginstrumente wie Merchants und investieren in die Optimierung ihrer Website, damit sie eine hohe Besucherfrequenz generieren (BVDW 2018, S. 9). Oft haben Affiliates ihre Websites thematisch so gut auf die Warenkategorien des Merchants ausgerichtet, dass ihre Websites in den Trefferlisten der Suchmaschinen höher platziert sind als die Merchant-Websites (Kollewe und Keukert 2016, S. 465).

> **Thin Affiliate**
>
> Thin Affiliate ist eine Umschreibung für einen Affiliate, dessen Aktivitäten ausschließlich auf Provisionseinnahmen ausgerichtet sind. Dieser bietet keinen Mehrwert und auch keinen Service, seine Website ist allein auf die Platzierung von Werbemitteln ausgerichtet.

Die Attraktivität eines Affiliates basiert auf der Seriosität seiner Website mit einem reichweiten- und aufmerksamkeitsstarken Informations- und Kommunikationsangebot. Mit einer authentischen und glaubwürdigen **Positionierung** erreicht er für Merchants attraktive Zielgruppen. Kleine Websitebetreiber engagieren sich mit Leidenschaft, Ausdauer und Begeisterung. Viel Zeit und Arbeit wird in die Website investiert, zum Vorteil des Merchant, der sich an diesen Anstrengungen in der Regel nicht beteiligt. Er profitiert davon, dass Affiliate-Websites laufend auf **Reichweite** und **Content** optimiert werden. Manche Affiliates betreiben eine Vielzahl von Websites, um in der Summe aller Aktivitäten substanzielle Einnahmen zu generieren. Ein Affiliate muss für die Teilnahme an Partnerprogrammen weder Gebühren zahlen noch Vorleistungen erbringen. Er ist nicht für die Einlösung des **Leistungsversprechens** des Merchant verantwortlich. Seine Leistung ist als **immaterielle Dienstleistung** zu charakterisieren.

2.3 Affiliate-Netzwerke

Affiliate-Netzwerke (Synonyme: Affiliate-Programmnetzwerke oder Partnerprogrammnetzwerke) empfehlen sich mit einer breiten Palette an Dienstleistungen als beidseitig neutrales und unabhängiges **Bindeglied** zwischen Merchant und Publisher (Kollewe und Keukert 2016, S. 466). Sie stehen mit ihren Plattformen für eine **Marktplatzmittlerfunktion,** indem sie das Angebot und die Nachfrage von und nach Partnerprogrammen bündeln und die Bildung von Kooperationen befördern. Über die Registrierung in einem Affiliate-Netzwerk besteht auf der einem Seite für Affiliates die Möglichkeit, sich attraktiven Merchants anzudienen und andererseits sind es die Merchants, die über ein Affiliate-Netzwerk geeignete Publisher identifizieren. Je mehr Partnerschaften vermittelt werden können, um so attraktiver ist das Netzwerk sowohl für Anbieter wie auch Nachfrager. Affiliate-Netzwerke erleichtern Merchants durch die Vielzahl an registrierten Affiliates den Einstieg in das Affiliate-Marketing (Lammenett 2017, S. 62). Eine breite Streuung des Partnerprogramms ist innerhalb kurzer Zeit über die vielen potenziellen Partner möglich (Kreutzer 2018, S. 254).

Affiliate-Netzwerke bieten Merchants die Möglichkeit, ihre Werbemittel über die Plattform Affiliates zur Verfügung zu stellen. Über das **Matching** von Angebot und Nachfrage hinaus ergänzen weitere **Services** das Leistungsangebot. Denn neben der Koordination der Zusammenarbeit sind es vor allem die Bereitstellung und Administration der technischen Plattform, das **Reporting** und die Abwicklung der Provisionszahlungen, die an das Netzwerk ausgelagert werden können, um die eigenen Kapazitäten zu entlasten. Die Abrechnung erfolgt mit einer genauen Erfolgszuordnung auf Affiliate- und Werbemittelebene (BITKOM 2008, S. 5). Die Affiliate-Netzwerke üben mit **Beitrittsbeschränkungen** eine **Selektionsfunktion** aus (Olbrich et al. 2015, S. 66). Diese nehmen sie sowohl gegenüber dem Merchant wie auch gegenüber dem Publisher ein. Sie suchen die Zusammenarbeit mit Partnern, bei denen sie ein substanzielles **Vermarktungspotenzial** vermuten (Lammenett 2017, S. 62). Veranschaulicht man sich das Funktionsprinzip des Affiliate-Marketings im Überblick, so sind, wie Abb. 2.2 grafisch visualisiert, drei Modelle direkter und indirekter **Vertragsbeziehungen** zu differenzieren.

Zwischen Merchant und Affiliate entsteht eine **direkte Vertragsbeziehung,** wenn der Merchant das Partnerprogramm in **Eigenregie** ohne Einschaltung eines Affiliate-Netzwerkes autonom und eigenständig steuert. Das zweite Modell als **Outsourcing** Variante ist dadurch charakterisiert, dass ein Affiliate-Netzwerk das Partnerprogramm des Merchant administriert. Das Affiliate-Netzwerk geht Vertragsbeziehungen mit den Merchants wie auch mit den Affiliates ein und steuert mit seinen Serviceleistungen die **Kooperation** zwischen beiden Marktpartnern. Durch die **Mittlerfunktion** des Affiliate-Netzwerks entsteht nur eine indirekte Vertragsbeziehung zwischen Merchant und Affiliate. Im dritten Modell als **kombiniertes Betreibermodell** wird

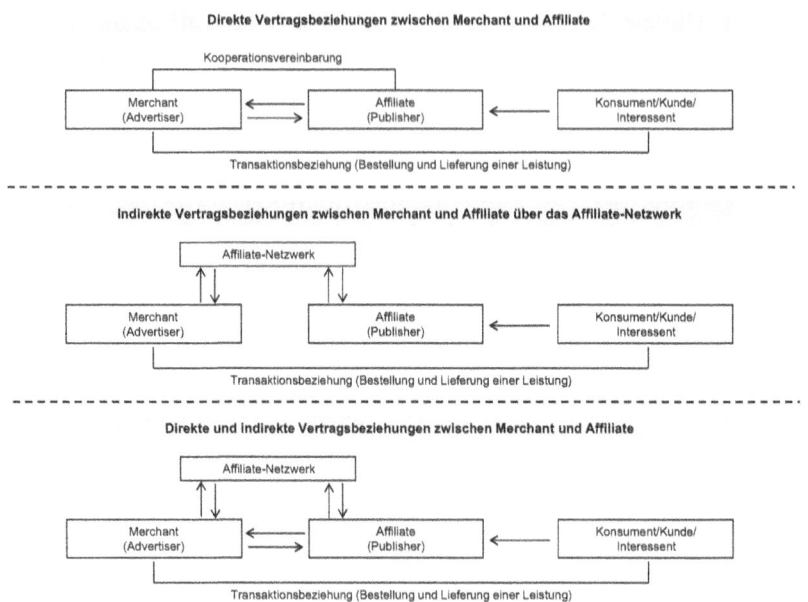

Abb. 2.2 Vertragsbeziehungen im Affiliate-Marketing. (Eigene Darstellung)

ein Teil des Partnerprogramms über ein oder auch mehrere Affiliate-Netzwerke administriert, während ein anderer Teil durch den Merchant in Eigenregie gesteuert wird. Dies kann der Fall sein, wenn der Merchant zu **Premium-Affiliates** eine direkte Beziehung bevorzugt, während eine Vielzahl kleinerer Partner über das Netzwerk gesteuert wird. Allen Modellen ist gemein, dass weder das Affiliate-Netzwerk noch der Affiliate Vertragsbeziehungen mit den **Konsumenten** als eigentliche Adressaten des Partnerprogramms eingehen und für diese auch keine direkten Leistungen erbringt. Da beide nur als Vermittler tätig sind, entsteht eine direkte Vertragsbeziehung zwischen Merchant und Kunde, wenn dieser ein Produkt im Onlineshop kauft, sich für einen Newsletter registriert oder an einem Gewinnspiel des Merchant teilnimmt.

Neben den Affiliate-Netzwerken haben sich mit Metanetzwerken und Affiliate-Marketingagenturen weitere Kategorien von Dienstleistern positioniert. **Metanetzwerke,** wie beispielsweise adgoal (https://www.adgoal.de/de/), skimlinks (https://skimlinks.com/) und Yieldkit (https://www.yieldkit.com/), bewerben sich bei den Affiliate-Netzwerken um die dort registrierten Partnerprogramme. Wird der Zugriff gewährt, so gibt das Metanetzwerk diesen an seine registrierten Affiliates, die **Meta Publisher,** weiter (Lammenett 2017, S. 78 f.). Diese müssen sich nicht mehr für jedes Partnerprogramm einzeln bewerben (Giani 2011) und erhalten mit einer einmaligen Anmeldung bei einem Metanetzwerk den Zugang zu einer Vielzahl von Partnerprogrammen (Kreutzer 2018, S. 256). Metanetzwerke lassen sich ihre Leistungen vergüten, indem sie in der Regel eine Provision von 20-30 % der Provisionszahlung beanspruchen, die ein Affiliate vom Affiliate-Netzwerk erhält (Lammenett 2017, S. 79). Den Merchants entstehen keine Kosten, da sie keine direkte Vertragsbeziehung mit dem Metanetzwerk unterhalten. Kontroll- und Einflussmöglichkeiten auf die Meta Publisher haben sie jedoch nicht. Für Partnerprogramme mit stark reglementierter Affiliate-Auswahl durch den Merchant kommen Metanetzwerke eher nicht in Betracht (Lammenett 2017, S. 79). Die Registrierung auf Metanetzwerken bietet sich vor allen für **Blogger** an, die sich mehr auf die Bespielung ihres Accounts konzentrieren möchten, als ihre Zeit in die Suche nach passenden Partnerprogrammen zu investieren (Kreutzer 2018, S. 256). Merchants bietet sich des Weiteren die Option der Einschaltung von spezialisierten **Affiliate-Marketingagenturen.** Als Dienstleister bieten sie konzeptionelle Unterstützung beim Aufbau von Partnerprogrammen und die Übernahme administrativer Aufgaben in der Steuerung und Koordination derselben an.

Ihr Transfer in die Praxis

Verschaffen Sie sich einen Überblick über Ihre aktiven Affiliates und klassifizieren Sie diese in die verschiedenen Publisher-Modelle.
 Bewerten Sie die Erfolgsanteile der an Ihrem Partnerprogramm teilnehmenden Publisher-Modelle.
 Reflektieren Sie, ob Sie einzelne Publisher-Modelle stärker in Ihrem Partnerprogramm gewichten wollen.
 Überprüfen Sie, ob ein Optimierungspotenzial in Ihrer Zusammenarbeit mit Affiliate-Netzwerken erkennbar ist, und überlegen Sie, ob und wie Sie dieses Potenzial umsetzen können.

Literatur

Allgeyer, T. (2014). Welche Publisher-Modelle gibt es im Affiliate Marketing? https://www.handwerk-magazin.de/welche-publisher-modelle-gibt-es-im-affiliate-marketing/150/18584/242562. Zugegriffen: 21. Febr. 2020.

Bernecker, M. (2019). Was ist Affiliate Marketing? Die Cash Machine der Onlinewelt? https://www.marketinginstitut.biz/blog/was-ist-affiliate-marketing/. Zugegriffen: 29. Febr. 2020.

BITKOM. (2008). *Affiliate Management*. Berlin: BITKOM.

BVDW. (2018). *Die Ersten werden die Letzten sein. Affiliate Marketing – Chancen nutzen*. Berlin: BVDW.

BVDW. (2020). *Datenschutzkonformes Affiliate-Marketing – Eine rechtliche Einordnung*. Berlin: BVDW.

Deges, F. (2018). *Influencer Marketing*. Wiesbaden: Springer Gabler.

Deges, F. (2020). *Grundlagen des E-Commerce. Strategien, Modelle, Instrumente*. Wiesbaden: Springer Gabler.

Dziallas, T. (2013). Gutscheine erfolgreich einsetzen. https://www.internetworld.de/onlinemarketing/affiliate-marketing/gutscheine-erfolgreich-einsetzen-309996.html?ganzseitig=1. Zugegriffen: 21. Febr. 2020.

Giani, G. (2011). So funktionieren Metanetzwerke: Umsatz mit wenig Aufwand. https://www.affiliate-marketing.de/blog/metanetzwerke-einfach-und-effizient. Zugegriffen: 29. Febr. 2020.

Hettler, U. (2010). *Social Media Marketing*. München: Oldenbourg.

Kellermann, M. (2020). Das Affiliate Marketing in Zeiten der Cookie-Regulierung. https://www.internetworld.de/online-marketing/affiliate-marketing/affiliate-marketing-in-zeiten-cookie-regulierung-2425250.html?ganzseitig=1. Zugegriffen: 29. Febr. 2020.

Kösters, A. (2008). Erfolgsfaktoren von Partnerprogrammen. In T. Schwarz (Hrsg.), *Leitfaden Online Marketing* (S. 387-410). Waghäusel: marketingBÖRSE.

Kolbrück, O. (2013). *Erfolgsfaktor Online-Marketing*. Frankfurt a. M.: Deutscher Fachverlag.

Kollewe, T., & Keukert, M. (2016). *Praxiswissen E-Commerce*. Köln: O'Reilly.

Kotodziejska, M. (2017). Dynamisches Remarketing mit Google AdWords einfach erklärt. http://www.projecter.de/blog/sem/dynamisches-remarketing-mit-google-adwords-einfach-erklaert.html. Zugegriffen: 2. März 2020.

Kreutzer, R. (2018). *Praxisorientiertes Online-Marketing*. Wiesbaden: Springer Gabler.

Lammenett, E. (2017). *Praxiswissen Online-Marketing*. Wiesbaden: Springer Gabler.
Meffert, H., Burmann, C., & Kirchgeorg, M. (2015). *Marketing*. Wiesbaden: Springer Gabler.
Olbrich, R., Schultz, C., & Holsing, C. (2015). *Electronic Commerce und Online-Marketing. Ein einführendes Lehr- und Übungsbuch*. Berlin: Springer Gabler.
Shoop. (2020). Was ist Cashback? https://www.shoop.de/was-ist-cashback. Zugegriffen: 2. März 2020.
Zechlin, T. (2017). Preisvergleichsportale in Deutschland 2017: Welche sind die größten und wo solltest du werben? https://onlinemarketing.de/news/preisvergleichsportale-in-deutschland-2017-vergleich-wo-werben. Zugegriffen: 21. Febr. 2020.

3
Konzeption und Aufbau eines Partnerprogramms

> **Was Sie aus diesem Kapitel mitnehmen**
>
> Wie Sie mit einer Potenzial- und Marktanalyse ein solides Fundament für Ihre Entscheidung zum Aufbau eines Partnerprogramms legen
> Welche Ziele mit Affiliate-Marketingkampagnen bedient werden können
> Dass eine Erfolg versprechende Zusammenarbeit mit Affiliates voraussetzt, dass Ihre Zielgruppe über deren Onlinepräsenzen mit hoher Kongruenz erreichbar und ansprechbar ist
> Wie Sie mit einem Kriterienkatalog die Identifizierung von Partnern strukturieren
> Mit welcher Kombination von quantitativen und qualitativen Bewertungskriterien Sie potenzielle Affiliates auswählen können

Die Grundsatzentscheidung, ein Affiliate-Marketing im Unternehmen aufzusetzen, bedarf der Gegenüberstellung von Vorteilen und Nachteilen sowie der Abwägung von Chancen und Risiken, aus deren Bewertung sich das unternehmensindividuelle Potenzial des Affiliate-Marketings ableitet (Abschn. 3.1). Dies bildet den Ausgangspunkt für die Definition der Ziele und die Bestimmung der Zielgruppen (Abschn. 3.2). Die Identifizierung und Auswahl von Affiliates differenziert sich danach, ob das Partnerprogramm als einstufiges in Eigenregie oder mehrstufiges System über die Anbindung an Affiliate-Netzwerke aufgebaut wird. Die Identifizierung passender Affiliates muss sich an qualitativen wie auch quantitativen Kriterien orientieren. Hilfreich sind die Erstellung eines Kriterienkatalogs und die Vorgabe eines Entscheidungsprozesses, der die Auswahl potenzieller Partner instrumentalisiert und strukturiert (Abschn. 3.3).

3.1 Markt- und Potenzialanalyse

Es ist nicht sinnvoll, ein neues Vertriebskonzept aufzusetzen und als Marketinginstrument zu etablieren, wenn man nicht vorab den Markt analysiert und sich der unternehmensspezifischen Potenziale bewusst geworden ist (Kärner 2016). Die **SWOT-Analyse** als bewährtes Instrument der strategischen Planung bietet dafür eine strukturierte Herangehensweise (Meffert et al. 2015, S. 224 ff.). Die Auseinandersetzung mit den Stärken und Schwächen bedient die **unternehmensinterne Perspektive.** Dabei müssen die Vorteile nicht rein quantitativ die Nachteile überwiegen, sondern aus der Gewichtung der Vorteile gegenüber den Nachteilen muss sich ein eindeutiges Votum ableiten. Die **unternehmensexterne Perspektive** einer SWOT-Analyse bedient die Auseinandersetzung mit den Chancen und Risiken des Unternehmensumfeldes. Die strukturierte Sicht auf die unternehmensinterne Perspektive und das unternehmensexterne Umfeld (Meffert et al. 2015, S. 221) unterstützt die **Entscheidungsfindung** für den Aufbau und die Ausgestaltung des Partnerprogramms, indem man sich seiner Stärken und Schwächen bewusst wird und Chancen und Risiken frühzeitig erkennt (Meffert et al. 2015, S. 221). Erkannte Schwächen können gegebenenfalls schon im Vorfeld durch geeignete Maßnahmen beseitigt oder zumindest reduziert, identifizierte Risiken durch zielgerichtete Maßnahmen der **Risikominimierung** in ihrer negativen Ausprägungswahrscheinlichkeit abgefedert werden. Überwiegen die Vorteile und Chancen, so lässt sich aus deren Bewertung die Entscheidung über den Aufbau und die Implementierung eines Affiliate-Marketings valide ableiten.

3 Konzeption und Aufbau eines Partnerprogramms

Die Ergebnisse der SWOT-Analyse geben einen qualifizierten Input für die sich daran anschließende Definition der **Ziele** und Bestimmung der über das Affiliate-Marketing adressierbaren **Zielgruppen**. Abb. 3.1 veranschaulicht exemplarisch mögliche Erkenntnisse einer SWOT-Analyse, indem Argumente für oder gegen den Aufbau eines Affiliate-Marketings gegenübergestellt sind. Diese sind natürlich in jedem Unternehmen individuell zu bewerten sowie gegebenenfalls um weitere Aspekte zu ergänzen. Denn in jedem Unternehmen gestaltet sich die Ausgangslage anders.

Die Auseinandersetzung mit einer SWOT-Analyse geht einher mit der Bewertung des **Status quo** im Unternehmen. Diese schafft die notwendige **Transparenz** für die sachliche Einschätzung der Ausgangslage und die Bestimmung des Machbaren. Mit einer offenen und kritischen Reflexion sind Fragen der bisherigen Vertriebs- und Marketingaktivitäten zu beantworten:

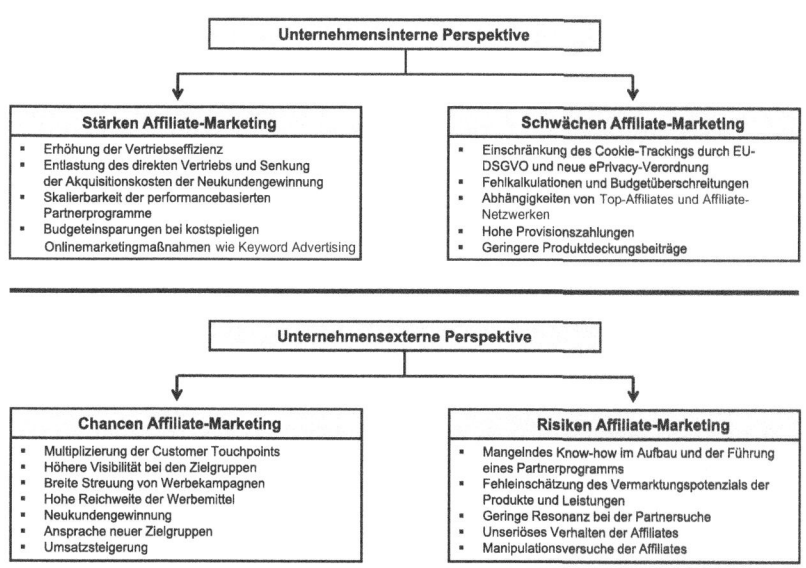

Abb. 3.1 SWOT-Analyse Affiliate-Marketing. (Eigene Darstellung)

> **Fragen zur Reflexion des Status quo im Unternehmen**
> - Erreichen wir mit unserer Vertriebsstrategie die Umsatzziele?
> - Wie hoch sind unsere direkten und indirekten Vertriebskosten?
> - Erreichen wir über unsere eigenen Onlinepräsenzen unsere Zielgruppen?
> - Sind wir mit der Reichweite, der Besucherfrequenz und den Conversions in unserem Onlineshop zufrieden?
> - Sind unsere Budgets im Online-Marketing effektiv und effizient allokiert?
> - Wie hoch sind unsere Kosten der Neukundenakquisition?
> - Sind wir mit unserer Quote der Neukundengewinnung zufrieden oder können motivierte und engagierte Partner einen substanziellen Beitrag zur Steigerung des Neukundenanteils leisten?
> - Ist unser Produkt- und Leistungsangebot attraktiv genug für die Gewinnung und nachhaltige Bindung externer Partner?
> - Welche Produktgruppen und Produkte kommen für die Vermarktung über ein Partnerprogramm überhaupt infrage?
> - Wie verändern sich die Deckungsbeiträge der für eine Affiliate-Vermarktung sich anbietenden Artikel, wenn wir ein für die Partner hochattraktives Provisionsmodell anbieten?

Die Marktanalyse wird durch eine detaillierte Bewertung der Aktivitäten des Wettbewerbs mit einer **Konkurrenzanalyse** abgerundet. Dabei kann auf den Websites anderer Merchants und den gelisteten Werbekampagnen in den Affiliate-Netzwerken überprüft werden, inwiefern und mit welcher Intensität Wettbewerber Partnerprogramme betreiben und mit welchen **Leistungsparametern** sie diese steuern (Kösters 2008, S. 396). Stellt man fest, dass Wettbewerber kaum aktiv sind, so kann dies ein Indiz sein, dass in diesem **Marktsegment** keine geeigneten Publisher vorhanden sind, die Produkte nicht attraktiv provisioniert werden oder das Produkt- und Leistungsangebot keine **Resonanz** bei den Wunsch-Affiliates hervorruft. Sind hingegen viele Konkurrenten mit Partnerprogrammen aktiv, so scheint ein substanzielles **Vermarktungspotenzial** vorhanden zu sein. Dies sollte nicht zwangsläufig dazu führen, dass ein vermeintlich erfolgreiches Partnerprogramm eines Konkurrenten 1:1 kopiert wird. Um sich von der Konkurrenz abzuheben, können höhere Provisionen angeboten werden, zumindest muss das eigene Partnerprogramm gleichwertige Konditionen aufrufen (Kärner 2016), um sich im direkten **Wettbewerbsumfeld** auf Augenhöhe zu positionieren.

> **Merke!**
> Auch wenn der indirekte Vertrieb über Affiliates auf scheinbar unkompliziertem Weg Potenziale der Frequenzgenerierung und Umsatzsteigerung verspricht, das primäre Ziel im Konzert aller Onlinemarketingmaßnahmen ist und bleibt es, die Zielgruppen möglichst direkt und ohne Umwege zu den Onlinepräsenzen des Merchant zu führen. Das Partnerprogramm sollte eine flankierende und nicht eine den eigenen Absatz beherrschende Vertriebsvariante sein (Kreutzer 2018, S. 262).

Das Affiliate-Marketing als ein neues Element der Vertriebs- und Marketingstrategie muss in den Gesamtmarketingmix integriert werden. Dies gilt insbesondere dann, wenn es nicht als einmalige Kampagne, sondern als **langfristiges Instrument** das Marketing bereichern soll. Das Affiliate-Marketing muss im Kontext der anderen Online- und Offlinemarketingaktivitäten in eine integrierte **Gesamtplanung** zusammengeführt werden, damit sich verschiedene Marketingkampagnen nicht konterkarieren, sondern inhaltlich und zeitlich synchronisiert ihre volle Wirkung entfalten können.

3.2 Ziele und Zielgruppen

Jede unternehmerische Entscheidung bedarf einer intensiven Auseinandersetzung mit den Zielen und Zielgruppen, dies betrifft insbesondere den Einsatz und die Ausgestaltung der **absatzpolitischen Instrumente** im Marketing. Ein Merchant muss sich klar darüber werden, was durch den Einsatz eines Partnerprogramms erreicht werden kann und soll. Eine eindeutige Formulierung der Ziele erleichtert es, in der Kooperation mit Affiliates eine präzise Erwartungshaltung zum Ausdruck zu bringen, den unternehmensinternen Anspruch in **Zieldimensionen** anhand quantitativer und qualitativer Parameter sowie zeitlicher Restriktionen zu präzisieren und im Controlling (Kap. 7) auf den Erfolgsnachweis hin überprüfen zu können. Die Ziele des Affiliate-Marketings sind im Einklang mit den allgemeinen **Marketingzielen** zu formulieren (Kärner 2016). Als Komponente des Online-Marketings ist das Affiliate-Marketing eines von mehreren Instrumenten, die das Unternehmen orchestriert zum Einsatz bringt. Somit werden, wie Abb. 3.2 visualisiert, stringenterweise aus den **Unternehmenszielen** die übergeordneten Marketingziele abgeleitet, die dann wiederum die Ausprägung der Ziele des Affiliate-Marketings determinieren (Olbrich et al. 2015, S. 64).

Die Ziele bilden den Ausgangspunkt für die Planung, Steuerung und Koordination aller Werbekampagnen des Affiliate-Marketings.

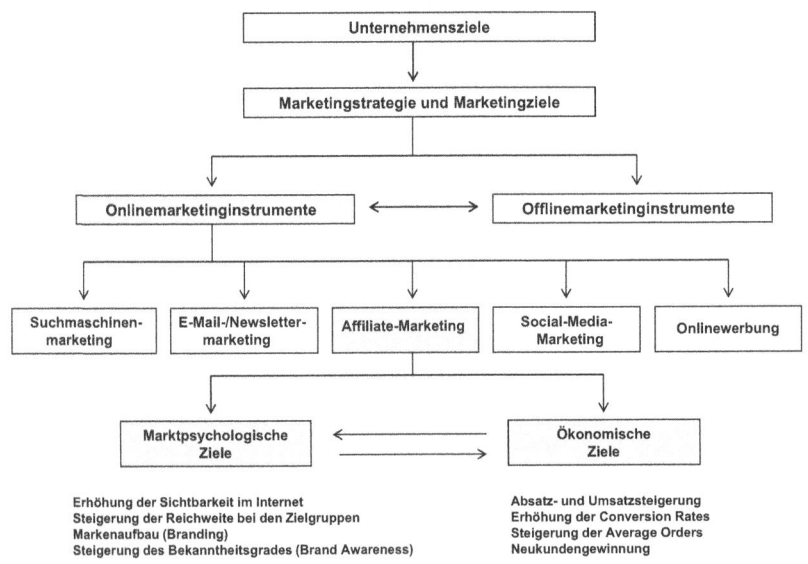

Abb. 3.2 Ziele des Affiliate-Marketings. (Eigene Darstellung)

Sie determinieren die anzustrebenden Sollzustände, die mit dem Einsatz des Partnerprogramms realisiert werden sollen (Becker 2013, S. 61). Während **marktökonomische Ziele** an Outputgrößen wie Absatz und Umsatz durch unmittelbar registrierbare Marktergebnisse gemessen werden können, fokussieren sich **marktpsychologische Ziele** auf Einstellungs- und Verhaltensänderungen von Zielgruppen (Becker 2013, S. 63). Diese unterstützen und fördern indirekt die Erreichung marktökonomischer Ziele. Die Steigerung der **Markenbekanntheit** oder die Beeinflussung des **Markenimages** als marktpsychologische Ziele werden in aller Regel auch einen erhöhten Produktabsatz ausweisen (Becker 2013, S. 64). Partnerprogramme können mit ihren Werbekampagnen sowohl marktökonomische als auch marktpsychologische Ziele bedienen. Die primäre marktpsychologische Zielsetzung des Merchant besteht darin, seine Reichweite durch die Präsenz auf Affiliate-Websites in der Wahrnehmung seiner Zielgruppen auszuweiten (Kollmann 2016, S. 334). Es kommt zu einem schnellen und auch kosteneffizienten Aufbau und Ausbau von Bekanntheit des Unternehmens sowie seiner Marken und Produkte. Affiliate-Marketing leistet durch vielschichtige Kooperationen mit seriösen Publishern einen substanziellen Beitrag zum **Branding.** Allein schon durch die hohe **Streudichte** mit einer Vielzahl an Werbemitteleinblendungen wird die Markenbekanntheit gestärkt (Lammenett 2017, S. 87). Merchants können somit durch die Kooperation mit zielgruppenkongruenten **Publisher-Modellen** (siehe Abschn. 2.2) ihre Reichweite im Internet nachhaltig steigern. Dies ist eine essenzielle Voraussetzung, um über eine höhere **Besucherfrequenz** selbst bei konstanten **Conversion Rates** eine Umsatzsteigerung zu realisieren. Die Ausdehnung der Reichweite ist somit die Voraussetzung für das primäre ökonomische Ziel des Affiliate-Marketings: die **Absatz- und Umsatzsteigerung,** welche sich für den Merchant unmittelbar aus den Verkaufserlösen seines Onlineshops ergibt (Büttgen 2002, S. 568).

Die Ableitung der Ziele geht eng einher mit der Bestimmung der Zielgruppen, die über Affiliate-Marketingkampagnen erreicht werden sollen. Die Zielgruppenansprache des Merchant ist durch die Zielgruppe des Affiliates determiniert. Die Auswahl passender Affiliates muss daher mit der Validierung einer treffsicheren Zielgruppenkongruenz einhergehen (Büttgen 2002, S. 568). Durch Affiliate-Marketing ist neben der **Kundenbindung** und der **Kundenrückgewinnung** über Retargeting Publisher die **Markterschließung** bisher unerreichter Käuferschichten möglich (BITKOM 2008, S. 8). Die **Neukundengewinnung** hat eine hohe Wertigkeit, da mit einem zufriedenstellenden Erstkauf diese zu Bestandskunden transformiert werden können. Daher wird eine Neukundenakquisition auch bei vielen Merchants mit einem höheren Provisionssatz gewertet.

> **Merke!**
> Affiliate-Marketing steht als effiziente Werbe- und Vertriebsform primär für die Erhöhung der Reichweite und der Bekanntheit sowie den sich daraus erschließenden sekundären Effekt der Steigerung von Absatz und Umsatz.

Die Kooperation mit reichweitenstarken Affiliates kann für junge Unternehmen interessant sein, die ihr Produkt ohne den Einsatz zwar reichweitenstarker, dafür aber auch kostenintensiver klassischer Werbeformate wie **TV-Werbung** in den Markt einführen. Affiliates können mit ihrer hohen Reichweite für einen schnellen Aufbau von **Bekanntheit** sorgen. Inwieweit attraktive Affiliates sich andererseits für **Start-ups** begeistern, hängt von der Attraktivität der Provision und dem **Vermarktungspotenzial** der Produkte und Leistungen ab. Nicht jedem Start-up wird auf der Basis eines plausiblen **Businessplans** und optimistisch prognostizierter Umsätze eine überzeugende Argumentation gegenüber reichweitenstarken Affiliates und Affiliate-Netzwerken gelingen.

> **Merke!**
> Definieren Sie präzise und operativ messbare Ziele, um den Erfolg des Partnerprogramms im Controlling eindeutig messen zu können.

3.3 Identifizierung und Auswahl von Partnern

Die Ziele und die zu adressierenden Zielgruppen determinieren die quantitative und qualitative Auswahl der Partner (Büttgen 2002, S. 568; Warschburger und Jost 2001, S. 176 ff.). Der Prozess muss strukturiert angegangen werden, denn die Gewinnung passender Affiliates stellt einen entscheidenden Erfolgsfaktor im Affiliate-Marketing dar (Olbrich et al. 2015, S. 72). Gesucht werden Affiliates mit einer hohen **Zielgruppenkongruenz,** deren Image zur Markenpositionierung des Merchant passt (Büttgen 2002, S. 569). Die Identifizierung und Auswahl der Partner ist durch die Entscheidung für ein einstufiges oder mehrstufiges Affiliate-System differenziert. Wird das Partnerprogramm mehrstufig über ein oder mehrere Affiliate-Netzwerke gestreut, so reduziert sich der Rechercheaufwand erheblich, je nach Größe und Marktdurchdringung sind in den Netzwerken bereits eine Vielzahl potenzieller Affiliates durch ihre Freischaltung identifiziert. Wird das Partnerprogramm einstufig in Eigenregie aufgebaut, so ist die Recherche potenzieller Partner eine unternehmensinterne Aufgabe, für die Ressourcen bereitstehen müssen. Ob nun die Suche über Eigenrecherche oder mit externer Unterstützung organisiert wird, es bedarf Kriterien für die Identifizierung und Bewertung. Der Auswahlprozess muss quantitative Aspekte **(Reichweite)** und qualitative Aspekte **(Reputation, Relevanz** und **Resonanz)** berücksichtigen. Die definierten Kriterien reflektieren die Anforderungen, die an potenzielle Affiliates gestellt werden (Warschburger und Jost 2001, S. 176 ff.).

Kriterienkatalog für die Auswahl von Affiliates

Allgemeine Kriterien
- Profession des Affiliates: gewerblicher Websitebetreiber, Privatperson mit einer Hobbywebsite, Social-Media-Influencer, Blogger
- Rechtsform des Affiliates
- Publisher-Modell
- Anzahl der Onlinepräsenzen und Social-Media-Auftritte
- Attraktivität der Domainnamen seiner Websites
- Erfahrung im Umgang mit Partnerprogrammen

Quantitative Kriterien
- Zielgruppen der Onlinepräsenzen des Affiliates; Deckungsgrad mit den Zielgruppen des Merchant
- Reichweite (Besucherfrequenz und Besucherstruktur) seiner Onlinepräsenzen
- Nationale oder internationale Ausrichtung
- Anzahl der identifizierbaren Partnerschaften
- Konkurrenzdichte: Bewerbung von Partnerprogrammen direkter Wettbewerber
- Suchmaschinenplatzierung unter vermarktungsrelevanten Keywords

Qualitative Kriterien
- Usability der Onlinepräsenzen: ansprechende Form und professionelle Gestaltung; schnelles Laden der Startseite; Übersichtlichkeit der Homepage; zielführende Navigation und Suchfunktionalität
- Rechtskonformität (Impressum, Datenschutzerklärung, Consent-Managementtool)
- Verhältnis von redaktionellen und werblichen Inhalten auf den Websites des Affiliates
- Zielgruppenspezifisch hochwertiger und aktueller Content
- Platzierungsmöglichkeiten von Werbemitteln im redaktionellen Umfeld der Websites
- Reputation und Image des Affiliates; Deckungsgrad mit dem Markenimage des Merchant
- Positive versus negative Kundenmeinungen über den Affiliate auf Bewertungsportalen

Der perfekte Affiliate muss zum Unternehmen passen sowie über seine Onlinepräsenzen eine hohe Glaubwürdigkeit, Zuverlässigkeit und Seriosität ausstrahlen. Bei der Auswahl zählen vor allem Kriterien wie eine hohe Besucherzahl (Traffic), die Möglichkeit einer geeigneten Zielgruppenansprache und ein starkes Image des Partners (Kollmann 2013, S. 201). Eine hohe **Zielgruppenkongruenz** vermindert das Risiko von Streuverlusten in der Aussendung der Werbemittel (Olbrich et al. 2015, S. 72). Eine **Content-Analyse** sollte belegen, dass die redaktionelle Kompetenz der Affiliate-Websites die Markenpositionierung des Merchant unterstützt oder gar stärkt (Büttgen 2002, S. 568; Olbrich et al. 2015, S. 72). Ein weiteres wichtiges Kriterium ist das **Involvement** der potenziellen Affiliates. Die Qualität und vor allem die Aktualität der redaktionellen Inhalte spiegelt das **Engagement** des Affiliates wider, seinen Websitebesuchern jederzeit einen **Mehrwert** zu bieten.

Quantitative und qualitative Kriterien stehen nicht für sich alleine, sondern bedingen sich gegenseitig. Dies betrifft insbesondere **Social-Media-Influencer.** Diese entfalten ihre Wirkungskraft am besten, wenn Reichweite, Relevanz und Resonanz ausgewogen repräsentiert sind (Deges 2018, S. 66). Die **Reichweite** als quantitative Messgröße ist zwar ein Indikator für eine hohe Akzeptanz eines Influencers in seiner Community, diese ist in ihrer quantitativen Höhe aber wenig aussagekräftig, wenn die **Relevanz** gering ist, also die Zielgruppensegmentierung des Merchant nicht mit der Struktur der Community des Influencers übereinstimmt. Eine hohe Relevanz ist aber Voraussetzung dafür, dass die Fans des Influencers auf die Werbemittel klicken und damit **Resonanz** erzeugen. Eine sehr themenspezifische Website mit nur geringer Besucherfrequenz, aber extrem relevanter Zielgruppenkongruenz kann bei den thematisch passenden Produkten höhere Umsätze generieren, als dies bei eher allgemeinen Websites mit einem breiten Themenspektrum und damit auch breiterer Zielgruppenstreuung der Fall ist.

> **Blogger als Social-Media-Influencer**
>
> Ein passionierter Tiefseetaucher mit einem Blog, den „nur" wenige Tausend Follower abonniert haben, kann für einen Merchant, der Produkte und (Reise-)Dienstleistungen rund um das Thema Tiefseetauchen vermarktet, werthaltiger sein als weniger spezialisierte Blogs mit eher allgemeinen Sport- und Reisethemen. Diese könnten zwar höhere Reichweiten an allgemein sport- und reiseinteressierten Followern aufweisen, der Deckungsgrad der Folgerschaft mit der Zielgruppe des Merchant ist jedoch geringer und es kommt zu Streuverlusten. Grundsätzlich gilt: Je spezialisierter ein Blog, desto größer ist die Wahrscheinlichkeit, dass die Follower das gleiche Hobby, die gleiche Leidenschaft teilen und sich aktiv mit dem Blog auseinandersetzen. Eine höheres Engagement auch bei einer geringen Anzahl von Followern führt zu einer höheren Relevanz und Resonanz (Deges 2017, S. 467).

Für die Suche nach geeigneten Influencern und Bloggern als Community Publisher existiert eine Vielzahl von Tools, Datenbanken, Plattformen und Onlineverzeichnissen. Blogger melden in **Blogverzeichnissen** ihren Blog an und hinterlegen Profile. Neben dem Abruf von Rankings und Statistiken ist eine thematische Suche mit Keywords möglich. Dies erleichtert die Recherche nicht nur nach Themen, sondern auch die Möglichkeit, einen ersten Eindruck aus der Profilbeschreibung des Bloggers zu gewinnen. Für die Influencer-Suche sollten mehrere dieser Blogverzeichnisse durchforstet werden, nicht jeder Influencer ist in allen relevanten Verzeichnissen gelistet.

Zwei Strategien können für die Rekrutierung von Affiliates differenziert werden. Eine **offene Partnerstrategie** versucht möglichst viele Affiliates aus unterschiedlichsten Publisher-Modellen zu binden, dafür sind die Mindestanforderungen an deren Akkreditierung nicht allzu hoch gesetzt. Dies ermöglicht eine hohe Reichweite mit einer breiten Streuung der Werbemittel (Kösters 2008, S. 408). Eine **selektive Partnerstrategie** definiert hohe Vorgaben an die qualitativ und quantitativ zu erfüllenden Kriterien und akzeptiert auch geringere Reichweiten. Durch das selektive Freischalten von Affiliates ist eine bessere Kontrolle ihrer Aktivitäten möglich (Kösters 2008, S. 408). Hersteller hochwertiger Markenartikel, die ihre **Vertriebsstrategie** generell auf einen **selektiven Vertrieb** ausgerichtet haben, konzentrieren sich bei der selektiven Partnerstrategie auf seriöse Premium-Affiliates, bei denen sie die Markenpositionierung ihrer Produkte passgenau reflektiert sehen und mit denen sie hohe Conversions realisieren können (Kösters 2008, S. 408). Für eine im Vergleich zur offenen Partnerstrategie wesentlich geringere Anzahl an Partnern können für deren Betreuung auch mehr Ressourcen bereitgestellt werden.

> **Kombinierter Ansatz von breiter Streuung und fokussierter Nischenansprache**
>
> Ein Mix aus **Top-Publishern** als Generalisten mit hohen Reichweiten und **Nischen-Publishern** mit Content-Spezialisierung auf Detailthemen hat den Vorteil der Kombination von breiter Streuwirkung und einer zielgruppenspezifischeren Aussteuerung von Werbemitteln.

Für den Merchant ist es hilfreich, sich in die Entscheidungsoptionen eines attraktiven Affiliates hineinzuversetzen, denn dieser befindet sich ebenfalls in einem Auswahlprozess aus einer Fülle von konkurrierenden Partnerprogrammen (Moor 2019). Damit Affiliates und Merchants zusammenfinden, muss sich auch der Merchant als umsatzstarker Partner präsentieren. Die **Marktreputation** des Merchant sowie das **Vermarktungspotenzial** seines Produkt- und Leistungsprogramms zahlen auf die grundsätzliche Bereitschaft zur Kooperation ein (Olbrich et al. 2015, S. 67). Generell ist eher von einer geringen Bindung von Affiliates zu Merchants auszugehen (Kollewe und Keukert 2016, S. 469). Der Affiliate möchte vor allem seine Provisionserlöse optimieren. Spiegeln diese nicht seinen Erwartungshorizont, so wird er sich eher anderen Partnerprogrammen anbieten, als mit hohem Aufwand seinen Merchant besser in Szene zu setzen.

> **Ihr Transfer in die Praxis**
>
> Führen Sie eine Markt- und Potenzialanalyse durch, um eine solide Entscheidung für Ihren Einstieg ins Affiliate-Marketing abzuleiten.
> Analysieren Sie Partnerprogramme Ihrer Wettbewerber und orientieren Sie sich an Best Practices.
> Definieren Sie marktpsychologische und marktökonomische Ziele und gewichten Sie diese.
> Entscheiden Sie zwischen einer offenen und einer selektiven Partnerstrategie, indem Sie die Vorteile und Nachteile beider Optionen im Hinblick auf die Erreichung Ihrer Ziele bewerten.
> Entwickeln Sie einen unternehmensspezifischen Kriterienkatalog mit einer auf Ihre Ziele der Partnergewinnung zugeschnittenen Gewichtung von Reichweite, Relevanz und Resonanz.
> Versetzen Sie sich in die Entscheidungssituation von erfolgreichen Vertriebspartnern und hinterfragen Sie, ob Ihr Produkt- und Leistungsprogramm attraktiv ist für ein Engagement von reichweitenstarken Affiliates.

Literatur

Becker, J. (2013). *Marketing-Konzeption. Grundlagen des zielstrategischen und operativen Marketing-Managements.* München: Vahlen.

BITKOM. (2008). *Affiliate Management.* Berlin: BITKOM.

Büttgen, M. (2002). Affiliate Marketing. *Die Betriebswirtschaft, 5,* 566–571.

Deges, F. (2017). Influencer Marketing. *WISU, 5,* 582–588.

Deges, F. (2018). *Influencer Marketing.* Wiesbaden: Springer Gabler.

Kärner, S. (2016). Affiliate Marketing: Lohnt es sich für mein Unternehmen? https://www.suchradar.de/magazin/61/affiliate-marketing-lohnt-es-sich-fuer-mein-unternehmen. Zugegriffen: 11. Nov. 2019.

Kösters, A. (2008). Erfolgsfaktoren von Partnerprogrammen. In T. Schwarz (Hrsg.), *Leitfaden Online Marketing* (S. 387–410). Waghäusel: marketing-BÖRSE.

Kollewe, T., & Keukert, M. (2016). *Praxiswissen E-Commerce.* Köln: O'Reilly.

Kollmann, T. (2013). *Online-Marketing.* Stuttgart: Kohlhammer.

Kollmann, T. (2016). *E-Entrepreneurship.* Wiesbaden: Springer Gabler.

Kreutzer, R. (2018). *Praxisorientiertes Online-Marketing.* Wiesbaden: Springer Gabler.

Lammenett, E. (2017). *Praxiswissen Online-Marketing*. Wiesbaden: Springer Gabler.
Meffert, H., Burmann, C., & Kirchgeorg, M. (2015). *Marketing*. Wiesbaden: Springer Gabler.
Moor, E. (2019). Der ultimative Guide, um Top-Publisher zu finden. https://www.awin.com/de/affiliate-marketing/guide-um-top-publisher-zu-finden. Zugegriffen: 8. März 2020.
Olbrich, R., Schultz, C., & Holsing, C. (2015). *Electronic Commerce und Online-Marketing. Ein einführendes Lehr- und Übungsbuch*. Berlin: Springer Gabler.
Warschburger, V., & Jost, C. (2001). *Nachhaltig erfolgreiches E-Marketing*. Braunschweig & Wiesbaden: Vieweg & Sohn.

4

Ausgestaltung des Partnervergütungssystems

> **Was Sie aus diesem Kapitel mitnehmen**
>
> Welche Trackingmethoden eingesetzt werden und welche Vorteile und Nachteile mit ihnen verbunden sind
>
> Welche Formen und Ausprägungen einer statischen Provisionierung zugrunde liegen
>
> Wie in einer Customer Journey die dynamische Attribuierung mehreren Kontaktpunkten Vergütungsansprüche zuteilt
>
> Welche Provisionsmodelle bei Partnerprogrammen zum Einsatz kommen
>
> Welche Modalitäten bei der Auszahlung der Provisionen zu berücksichtigen sind

Ein konstituierendes Element der Partnerprogramme ist die Provision, die ein Affiliate für seine Vermittlungsleistung erhält. Dem Affiliate-Marketing liegen verschiedene Provisionsmodelle zugrunde, die in Abschn. 4.3 vorgestellt werden. Attributionsmodelle müssen die Aktivitäten der dem Merchant zugeführten Websitebesucher den Partnern eindeutig zuordnen können. In Abschn. 4.2 werden die Modelle der statischen und dynamischen Attribuierung dargestellt und erläutert. Die Modalitäten der Provisionszahlung (Abschn. 4.4) beziehen sich auf die Höhe des Anspruchs und den Zeitpunkt der Auszahlung der Provision. Damit Provisionsansprüche erfasst und belegt werden können, stehen verschiedene Trackingmethoden zur Auswahl, die im Folgenden vorgestellt werden.

4.1 Trackingmethoden

Ein wichtiger Faktor für den Erfolg des Partnerprogramms und für das Monitoring der Zielerreichung ist ein kontinuierliches und lückenloses Tracking aller Affiliate-Marketingkampagnen (BITKOM 2008, S. 8). Mit **Tracking** wird die Abbildung und Verfolgung der Bewegung von Objekten bezeichnet, konkret im Affiliate-Marketing die **Nutzerverfolgung** mit der Zuordnung der von ihnen durchgeführten Aktionen (BITKOM 2008, S. 9). Das Tracking ist die elementare Voraussetzung für die Zuordnung der Provisionsansprüche, das **Reporting** und die **Erfolgskontrolle** im Affiliate-Marketing. Alle **Trackingmethoden** basieren darauf, dass trotz unterschiedlicher Erhebungsverfahren die Identifikation und Zuordnung eines Websitebesuchers und seiner Transaktionen zu einem Affiliate über eine **Partner-ID** realisiert sind (Lammenett 2017, S. 58). Bei der **Datensammlung** über das Tracking lassen sich server- und clientbasierte Datenspeicherungen unterscheiden. Die wesentlichen Trackingmethoden sind im Folgenden dargestellt.

Cookie-Tracking
Wird ein Cookie über den Webbrowser des Onlinenutzers zu seiner Nachverfolgung gesetzt, so spricht man von Cookie-Tracking (Kollmann 2013, S. 202). Die Speicherung von Cookies wird über den **Webbrowser** verwaltet. Die meisten sind im Standard so eingestellt, dass sie Cookies automatisch setzen und speichern. Onlinenutzer können den Umgang mit Cookies über die **Cookie-Einstellungen** (Internetoptionen, Datenschutzeinstellungen) selber steuern, dabei müssen die Anpassungen für jeden Webbrowser separat vorgenommen werden. Das Speichern und Lesen von Cookies kann gänzlich deaktiviert werden. Cookies können aber auch einzeln oder

komplett gelöscht werden. Über **Werbefilterfunktionen** kann mittels Whitelisting oder Blacklisting Werbung von Websites zugelassen oder deaktiviert werden. Cookies von **Drittanbietern** (3rd Party Cookies) können grundsätzlich blockiert werden.

> **Cookies und Affiliate-Cookies**
>
> Cookies (Keks, Plätzchen als Wortbedeutung im allgemeinen Sprachgebrauch) sind Dateien mit Textinformationen, die mit einem Websitebesuch auf dem Endgerät des Nutzers (Computer, Notebook, Smartphone, Tablet) in einer **Cookie-Textdatei** über den Webbrowser gespeichert werden. Wird die Website erneut aufgerufen, so kann der Websitebesucher anhand des gespeicherten Cookies identifiziert werden (Kollmann 2013, S. 202). Ein **Affiliate-Cookie** enthält die Partner-ID sowie die Merchant- und Werbemittel-ID und speichert den Klickzeitpunkt auf das Werbemittel (**Timestamp**). Damit können Transaktionen, die nicht beim Erstbesuch einer Website, sondern zu einem späteren Zeitpunkt durchgeführt werden, dem vermittelnden Partner zugeordnet werden. Affiliate-Cookies werden auch als **Tracking-Cookies** bezeichnet, da sie je nach Laufzeit über mehrere Sessions gespeichert sind, falls sie nicht zwischenzeitlich durch den Onlinenutzer gelöscht wurden.

Dauerhaft gespeicherte Cookies stehen als **persistente Cookies** für Nutzerfreundlichkeit und Bequemlichkeit, da sie Personalisierungen wie Spracheinstellungen, Log-in-Daten (meist die E-Mail-Adresse, aber nicht das Passwort), im Warenkorb und auf Merklisten platzierte Produkte sowie bereits in Webformularen hinterlegte Eintragungen bei einem erneuten Websitebesuch aufrufen und anzeigen (IONOS 2018). **Temporäre Cookies** (Session-Cookies) sind für den Verlauf einer Session aktiviert und werden mit der Abmeldung aus der Session automatisch gelöscht. Der zunehmend restriktive Umgang der Internetnutzer mit Cookies schränkt die **Nachverfolgung** über das Cookie-Tracking erheblich ein. Werden Cookies direkt wieder gelöscht, so kann eine erst nach der Löschung erfolgte Transaktion eines über den Affiliate weitergeleiteten Websitebesuchers diesem nicht mehr zugeordnet werden. Werden sie nicht gelöscht, so ermöglicht das Cookie-Tracking über die Laufzeit des gesetzten Cookies die Nachverfolgung des Websitebesuchers auf seiner **Customer Journey.**

Dies ist relevant, wenn keine spontane **Kaufentscheidung** getroffen wurde und der Websitebesucher den Kauf erst mehrere Tage oder Wochen später vollzieht. Zu diesem Zweck sind die Affiliate-Cookies vom Merchant mit einer festen **Laufzeit** und Gültigkeit definiert. Ein **First Party Cookie** (1st Party Cookie) ist ein Cookie der Website, die auch vom Websitebesucher aktiv aufgerufen wurde. Grundsätzlich gilt, dass Cookies nur von der Website ausgelesen werden dürfen, welche sie gesetzt hat. Cookies, die von nicht aufgerufenen Fremdseiten, also Dritten, gesetzt werden, bezeichnet man als **Third Party Cookies** (3rd Party Cookies). Ein 3rd Party Cookie wird beispielsweise über die Einblendung eines Werbebanners gesetzt (IONOS 2018).

Aufgrund der Erhebung und Verarbeitung nutzerbezogener Daten ist das Cookie-Tracking durch die seit Mai 2018 rechtskräftige **EU-Datenschutz-Grundverordnung** (**DSGVO**) und die in ihrer neuen Fassung noch nicht in Kraft getretene **ePrivacy-Verordnung** (**ePVO**) ins Fadenkreuz der Datenschützer geraten. Die bereits 2009 erlassene ePrivacy-Richtlinie der EU, die eher als **Cookie-Richtlinie** bekannt ist, verpflichtet Websitebetreiber seit dem Inkrafttreten der DSGVO und nach einem Urteil des Europäischen Gerichtshofs vom 01.10.2019 für das Setzen und Verarbeiten von Tracking-Cookies eine ausdrückliche Einwilligung des Websitebesuchers einzuholen (IONOS 2020).

Cookie-Consent-Management

Websitebetreiber müssen von ihren Websitebesuchern eine rechtssichere Einwilligung für die Speicherung und Verarbeitung von Cookies, die nicht für den reinen Betrieb der Website notwendig sind, einholen. Dazu bedarf es der Installation eines **Consent-Managementtools**, über welches der Onlinenutzer mit einem **Single Opt-in** (Deges 2019) die Einwilligung aktiv erteilt. Die technische Umsetzung erfolgt über ein eingeblendetes **Banner** oder **Pop-up-Fenster**, in dem die Cookie-Freigabe generell erteilt oder nach Anwendungsbereichen gruppiert einzeln erteilt wird. So kann der Websitebesucher seine Einwilligung nur auf die essenziellen Cookies beschränken und Cookies von Drittanbietern verweigern (Schutzmann 2018).

Das Setzen von technisch notwendigen Cookies (**essenzielle Cookies**), ohne die grundlegende Funktionen und Services von Websites nicht bereitgestellt werden, kann nicht unterbunden werden. Daher findet sich in den Consent-Managementtools als geringster Zustimmungsgrad eine Schaltfläche mit Formulierungen wie: „nur essenzielle Cookies akzeptieren". **Tracking-Cookies** sind 3rd Party Cookies und gelten als technisch nicht notwendig. Sie bedürfen somit der aktiven Zustimmung des Websitebesuchers (IONOS 2020).

> **Merke!**
> Nach Art. 5 Abs. 3 der ePrivacy-Richtlinie ist keine Einwilligungspflicht dort vorgesehen, wo es sich um Cookies handelt, die unbedingt erforderlich sind, damit ein Dienst dem Nutzer zur Verfügung gestellt werden kann (BVDW 2020, S. 7).

Die Webbrowseranbieter beschränken den Einsatz von 3rd Party Cookies über einen verbesserten Trackingschutz in ihren Webbrowsern. Apples Safari mit ITP = **Intelligent Tracking Prevention,** Mozillas Firefox mit ETP = **Enhanced Tracking Protection** und auch Googles Chrome (**Samesite Update**) erlauben nur noch ein restriktives Setzen und Auslesen von Cookies und haben die Speicherung von 3rd Party Cookies stark eingeschränkt. Die Affiliate-Netzwerke bieten nun alternative Lösungen über ein **1st Cookie Tracking** an. Merchants können über Subdomains ein 1st Party Tracking integrieren oder über Container/Master Tags 1st Party Cookies aussteuern, die von den meisten Webbrowsern noch nicht blockiert werden (Kellermann 2020, S. 44).

URL-Tracking
Mit dem URL-Tracking wird die Partner-ID in den HTML-Code geschrieben und hinter der **Top-Level-Domain** der URL angehängt, wenn ein Websitebesucher über den Affiliate die Website eines Merchant aufruft (Kollmann 2013, S. 202).

> **URL = Uniform Resource Locator**
>
> Die URL **(Uniform Resource Locator)** ist die vollständige Quellenbezeichnung des aufgerufenen Informationsangebotes, der Ort, an dem ein bestimmtes Dokument auf einem Server abgelegt ist (Heinzmann 2000, S. 74). Die URL spezifiziert den Pfad der Ablage des bereitgestellten Dokuments.

Der Vorteil ist, dass dieses Tracking unabhängig von den Einstellungen des Webbrowsers läuft. Eine Provisionierung erfolgt, wenn der Websitebesucher auf der Merchant-Website die intendierte Handlung unmittelbar und direkt vollzieht (Kreutzer 2018, S. 259). Wird die Handlung jedoch erst zu einem späteren Zeitpunkt über einen **Direktzugriff** auf den Onlineshop ausgeführt, so kann dem Affiliate der erneute Websitebesuch nicht mehr zugeordnet werden (Lammenett 2017, S. 59).

Session-Tracking
Beim Session-Tracking wird für die Dauer des Besuchs einer Website (Session) ein **Session-Cookie** gesetzt. Dieses wird auch bei einer Deaktivierung von Cookies erzeugt, denn die Verwaltung einer Session ist über den **Webserver** des Websitebetreibers gesteuert (Lammenett 2017, S. 60). Ein Session-Cookie ist immer nur solange aktiv, wie der Webbrowser geöffnet ist. Sie werden bei der Abmeldung gelöscht oder verlieren ihre Gültigkeit, sobald das **Session-Zeitlimit** abgelaufen ist. Eine **Session-ID** wird von der Affiliate-Website an den Webbrowser des Websitebesuchers übergeben und Transaktionen werden auf Basis dieser Session-ID registriert. Mit dem Session-Tracking ist die Verfolgung der Nutzeraktivitäten nur im Session-Zeitlimit möglich, daher können dem Affiliate auch nur Transaktionen zugeschrieben werden, die unmittelbar während einer aktiven Session ausgelöst wurden.

Datenbanktracking
Bei dieser Methode wird die Partner-ID aus der URL oder dem Cookie zusammen mit der Kunden-ID in einer **Datenbank** gespeichert (Kollmann 2013, S. 202). Die damit geschaffene Unabhängigkeit von

den Cookie-Einstellungen der Internetnutzer ermöglicht die Zuordnung von Transaktionen nach komplexen Kaufentscheidungsprozessen auch über eine längere **Customer Journey.** Das Datenbanktracking eignet sich auch für die Provisionierung von Folgekäufen und **Lifetime-Provisionen** (siehe Abschn. 4.3) sowie für langfristige Kampagnen wie Newsletteraussendungen von E-Mail-Publishern oder die Promotion von Gewinnspielen. Ein Nachteil ist die **Demotivierung** neuer Affiliates, wenn diese für eine Vermittlung nicht vergütet werden, weil Kunden bereits unter einer anderen Partner-ID beim Merchant gespeichert sind (Lammenett 2017, S. 61).

Pixeltracking
Direkt in den **Quellcode** der Website integrierte Zähl- und Trackingpixel sind ein in den 1990er-Jahren entwickeltes einfaches Verfahren der Datensammlung und werden von Affiliate-Netzwerken eingesetzt, da neben dem **Webserver** des Merchant auch der Server des Netzwerkbetreibers von einer Conversion benachrichtigt werden muss (Lammenett 2017, S. 61). Deshalb führt der Link auf der Affiliate-Website über das Netzwerk zum Merchant, um eine Zuordnung und Auslesung zu ermöglichen. Auf der Website des Merchant wird im HTML-Code ein für den Besucher unsichtbares Image in der Größe eines Pixels (**1-Pixel-Grafik**) hinterlegt, der sogenannte **Transaction Tracking Code.** Wird dieser Code als **Conversion-Pixel** vom Netzwerkbetreiber angefordert, so erfährt dieser, dass eine zu provisionierende Transaktion stattgefunden hat (Kreutzer 2018, S. 259). Das Pixeltracking funktioniert nicht, wenn Onlinenutzer an ihrem Webbrowser die Anzeige von Bildern (Images) ausgeschaltet haben (Lammenett 2017, S. 62).

Eine noch relativ neue Methode ist das **Browser-Fingerprinting,** bei dem eine digitale Signatur auf Basis der persönlichen Konfiguration eines Endgerätes (Fingerabdruck des Endgerätes) als Tracking-ID verwendet wird (Dziuba 2017). In der zweiten Jahreshälfte 2019 wurde durch das Affiliate-Netzwerk Awin das **Bounceless Tracking** eingeführt (Bietz 2019). Bounceless Tracking umgeht den restriktiven Umgang mit 3rd Party Cookies, indem der Affiliate-Websitebesucher ohne Umweg über das Affiliate-Netzwerk direkt auf die Merchant-Website weitergeleitet wird. Das Tracking durch das Netzwerk findet dabei im Hintergrund durch den **Publisher Master Tag** statt. Voraussetzung für das Bounceless Tracking ist, dass sowohl Merchants wie auch Affiliates Master Tags auf ihren Websites implementieren (Bietz 2019). Das **Server-to-Server-Tracking** dient als Back-up, falls keine Cookies durch das Affiliate-Netzwerk eingesetzt werden können (Projecter 2019). Mit dem **Basket-Tracking** ist eine Darstellung der Transaktion auf Artikelebene möglich. Mit dem Basket-Tracking erhalten Merchants die Möglichkeit, Warengruppen mit verschiedenen Provisionen zu vergüten. Das Basket-Tracking erleichtert zudem das **Sales Clearing** der Retourenrücksendungen auf Artikelebene (Projecter 2015).

4.2 Attributionsmodelle

Neben dem Tracking kommt es vor allem auf die Zuordnung (Attribution oder Attribuierung) einer erfolgreich vollzogenen Handlung an den vermittelnden Partner an. Je nach Komplexität, Intensität und Zeitdauer des **Kaufentscheidungsprozesses** sind mehrere **Customer Touchpoints** involviert, die jeder für sich Ihren Erfolgsanteil an der abgeschlossenen Transaktion reklamieren. Dabei stellt sich berechtigterweise die Frage, wer welchen Anteil der Provision vergütet bekommt. Attributionsmodelle (**Zuordnungsmodelle**) tragen diesem Anspruch in unterschiedlichen Ausprägungen Rechnung, indem sie neben der immer weiter zunehmenden Mobilnutzung auch ein geräteübergreifendes **Cross-Device-Tracking** (parallele oder wechselnde Nutzung verschiedener Endgeräte) und ein **selektiv hybrides Kaufverhalten** mit dem **Channel Hopping** zwischen Online- und Offlinekanälen kanalübergreifend versuchen abzubilden. Mit der statischen (zeitpunktbezogenen) und der dynamischen (zeitraum- oder zeitverlaufbezogenen) Provisionierung können zwei Ansätze der Attribuierung differenziert werden. Die statische Provisionierung ordnet zu einem bestimmten Zeitpunkt genau einem Partner die volle Provisionierung zu, während bei dynamischen Modellen die Customer Journey für eine Aufteilung des Provisionsanspruchs auf mehrere Touchpoints steht.

4.2.1 Statische Attribution: First oder Last Interaction

Ein idealtypischer Kaufentscheidungsprozess durchläuft in der Vorkaufphase (Pre-Sale) die Bedarfswahrnehmung, Informationssuche und Alternativenbewertung, die anschließend zum Kauf (Sale) führt und durch ein Nachkaufverhalten (After-Sale) geprägt ist (Foscht et al. 2015, S. 183 ff.; Meffert et al. 2015, S. 132 ff.). Legt man den Attributionsmodellen das **Fünf-Phasen-Modell des Kaufprozesses** nach Kotler zugrunde (Kotler und Bliemel 1995, S. 309 ff.), so werden innerhalb der statischen Provisionierung, wie Abb. 4.1 grafisch visualisiert, zwei gegensätzliche Formen unterschieden.

Mit „first contact attribution" oder „first cookie wins", auch als **First Interaction Model** bezeichnet, wird dem Affiliate, der den ersten Werbemittelkontakt einer Zielperson ausgelöst hat, die Provision zugerechnet (Olbrich et al. 2015, S. 74). Dabei wird argumentiert, der erste Kontakt sei der wichtigste, da dieser den Konsumenten überhaupt erst in den Kaufprozess geführt hat. Dieses Modell wird jedoch kaum

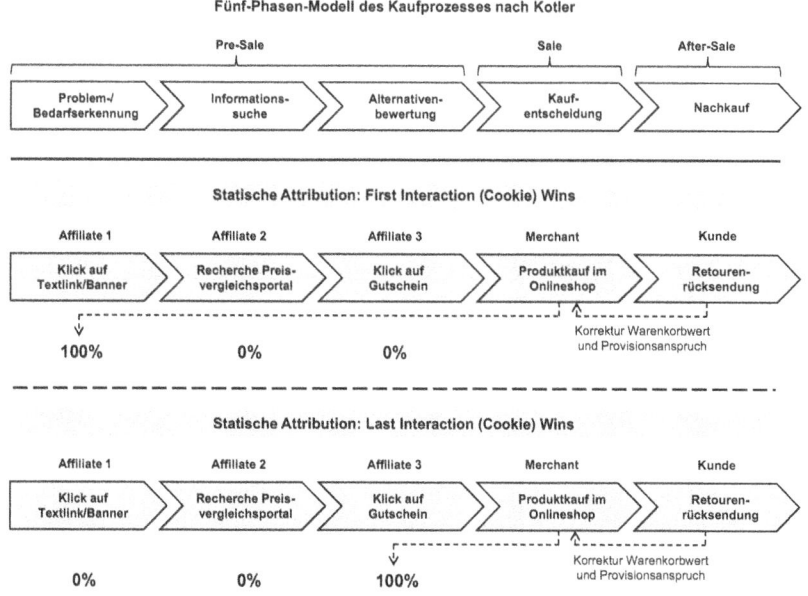

Abb. 4.1 Statische Attributionsmodelle. (Eigene Darstellung)

verwendet. Entsprechend wird bei einem **Last Interaction Model** mit „last contact attribution" oder „last cookie wins" dem Affiliate, der als letzter Kontakt den Websitebesucher zur Transaktion geführt hat, die volle Provision ausgezahlt (Olbrich et al. 2015, S. 74). Die Begründung speist sich aus dem Argument, dass der letzte **Werbemittelkontakt** der entscheidende, unmittelbar transaktionsauslösende Impuls gewesen ist. Die Unterscheidung eines „first" oder „last contact" ist nur dann relevant, wenn mehrere Kontaktpunkte in die Auslösung der Transaktion involviert waren. Bei unmittelbar vollzogenen Direktkäufen als **One Touchpoint Journey,** seien es **Spontankäufe** oder **Impulskäufe,** stellt sich die Zuordnungsfrage nicht, da der First Contact auch der Last Contact ist. Dies ist häufig bei **Social-Media-Influencern** der Fall, die eine junge Zielgruppe als Community führen. Deren **Empfehlungen,** gerade im Beauty- und Fashionbereich, führen meist zu **Direktbestellungen,** die dem Influencer-Account eindeutig zuordenbar sind (Deges 2018, S. 10 f.). Die statische Provisionierung ist zweifelsohne die unkompliziertere Variante für den Merchant, da sie auf einer recht einfachen Zuordnung beruht. Gerecht ist sie nicht, da auch andere Partner einen **Erfolgsanteil** beigetragen haben, diese aber bis auf den einen Affiliate (First oder Last Contact) keine Provision erhalten (Kollewe und Keukert 2016, S. 468). Statische Attributionsmodelle haben eine starre Perspektive mit der Konzentration auf lediglich eine Position in der **Customer Journey.** Dies greift zu kurz und bildet die Realität nur sehr begrenzt ab (Kleickmann 2019). Das lange Zeit vorherrschende Attributionsmodell „last cookie wins" verliert daher massiv an Akzeptanz, auch wenn es das noch meistgenutzte Modell der Affiliate-Branche ist (BVDW 2018, S. 7). Modelle der dynamischen Attribuierung sollen eine gerechtere Aufteilung der Provision sicherstellen.

Amazon-Partnerprogramm

Bei Amazon PartnerNet (https://partnernet.amazon.de/) muss der Kauf innerhalb der Session erfolgen, spätestens jedoch mit dem Ablauf von 24 h nach dem Klick auf den Partnerlink. Die Frist verlängert sich, wenn das beworbene Produkt über die Partner-ID direkt mit dem Warenkorb verlinkt wird. Werden Produkte über den Partnerlink direkt in den Warenkorb gelegt, so sind sie dort 90 Tage gespeichert (Wessel 2018).

4.2.2 Dynamische Customer Journey Attribution

Bei komplexen und lang andauernden Kaufentscheidungsprozessen werden verschiedene Touchpoints einmal, aber auch wiederholt aufgesucht, bis ein Kauf final ausgelöst wird. Diese **Customer Journey** findet ihren theoretisch wie auch praktisch relevanten Erklärungsansatz in **Kaufentscheidungsmodellen,** wie dies mit dem Fünf-Phasen-Modell des **Kaufprozesses** (Kotler und Bliemel 1995, S. 309 ff.) schon der Abb. 4.1 und auch den in diesem Abschnitt noch folgenden Abb. 4.2 und Abb. 4.3 zugrunde liegt.

Eine kundenindividuelle Customer Journey gestaltet sich in jeder Waren- oder Produktkategorie anders. Sie kann in beliebiger Länge aus vielen verschiedenen Kontakten bestehen, abhängig davon, wie viel Zeit und Aufwand ein Konsument in die Validierung seiner **Kaufentscheidung** bis zum finalen Kauf investiert. Der Prozess verläuft selten stringent und linear, Phasen der Kaufentscheidung können

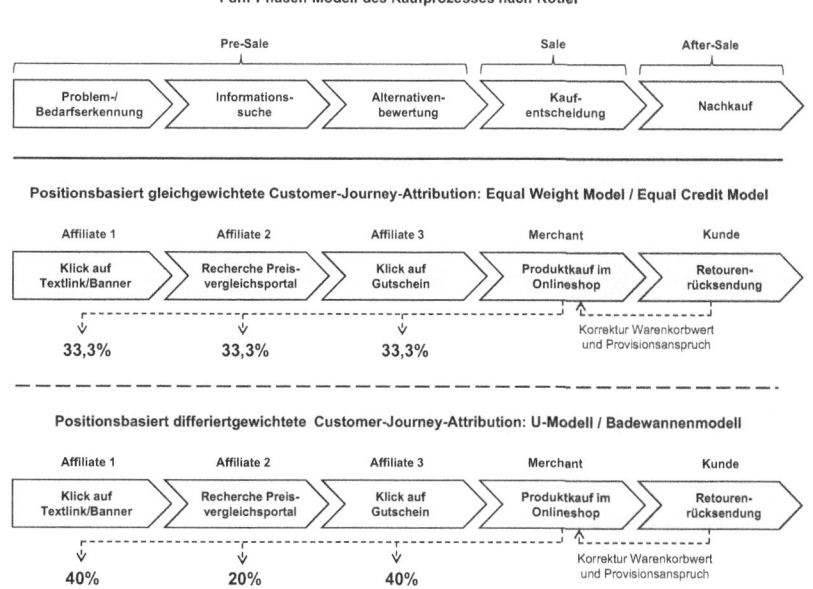

Abb. 4.2 Positionsbasierte Attributionsmodelle. (Eigene Darstellung)

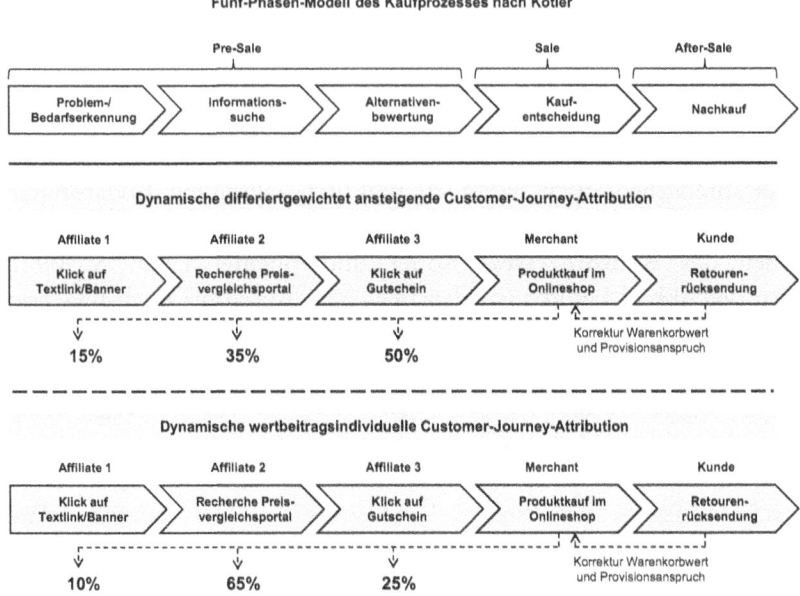

Abb. 4.3 Dynamische Customer Journey Attribution. (Eigene Darstellung)

sowohl device- wie auch kanalübergreifend durchschritten werden. Mit einer **dynamischen Provisionierung** soll die Integration des Customer Journey Ansatzes in die Affiliate-Attribution für eine gerechtere Zuordnung, Gewichtung und Aufteilung der Provisionsansprüche Sorge tragen (Olbrich et al. 2015, S. 74), auch wenn dies bedeutet, dass sich Affiliates die Provisionen untereinander aufteilen müssen. Die Anzahl provisionsberechtigter **Customer Touchpoints,** ob dies nun zwei, vier oder zehn sind, determiniert damit auch die Anzahl der Attribuierungen. Merchants ziehen aus dieser zweifelsohne komplexeren Attribution einen vermarktungsrelevanten Nutzen. Kunden- oder kundensegmentspezifische Customer Journeys werden transparent und schärfen im Marketing und Vertrieb das Verständnis des kundenindividuellen Kaufentscheidungsprozesses. Der Merchant erkennt den **Wertbeitrag** einzelner Customer Touchpoints und kann damit seine **Marketingbudgets** effizienter auf performancebasierte Onlinemarketingkampagnen allokieren. Wie in Abb. 4.2 dargestellt, können zwei Modelle differenziert werden, die eher noch im Grenzbereich einer dynamischen und statischen Customer Journey Attribuierung liegen, da sie auf positionsbasiert starren Anteilszuordnungen beruhen.

Bei der **linearen Attribution** (Equal Weight oder Equal Credit Model) wird allen in die Kaufentscheidung involvierten Touchpoints exakt der gleiche Anteil an der Provision zugemessen, da sie alle gemeinsam im Zusammenspiel ihrer Werbe- und Informationsangebote eine erfolgreiche Transaktion initiiert haben. Die Provision wird unter den Affiliates gleichmäßig aufgeteilt. Die lineare Attribution ist schon ein Fortschritt zum statischen First oder Last Attribution Model, da alle Marketingkanäle als gleichwertig betrachtet werden (Kleickmann 2019). Bei der **positionsbasiert differiertgewichteten Attribuierung** (auch als **U-Modell** oder **Badewannenmodell** bezeichnet) wird die Linearität durch eine höhere Gewichtung der First und Last Interaction aufgelöst. Ein höherer Wert erhält sowohl der Touchpoint, der den Kunden an die Marke herangeführt hat, wie auch der Touchpoint, der zum Kaufabschluss geführt hat (Kleickmann 2019). Die Wertanteile der Touchpoints versucht man mithilfe mathematisch-statistischer Modelle in einem **Regelsystem** zu gewichten. Dabei muss festgelegt werden, welcher Wert beispielsweise einem Sichtkontakt mit einer Bannereinblendung und welcher Wert einem Klick auf das Banner zugewiesen wird (Projecter 2018). Die errechneten Durchschnittswerte werden idealtypischen Customer Journeys fest zugeordnet (Stülpnagel 2016).

Einer **dynamisch ansteigenden Attribution,** wie in Abb. 4.3 dargestellt, liegt die Argumentation zugrunde, dass die Kaufbereitschaft von Kontaktpunkt zu Kontaktpunkt steigt (OSG 2017). In einem solchen **Time Decay** Modell steigt somit auch der Wertbeitrag im Verlauf der Customer Journey. Dem Erstkontakt wird die geringste, dem Letztkontakt die höchste Gewichtung beigemessen. Je näher Touchpoints an der Conversion liegen, desto werthaltiger und höher wird ihr Anteil an der Transaktion gerechnet (OSG 2017; Kleickmann 2019). Die komplexeste Variante ist, wie in Abb. 4.3 dargestellt, eine **dynamisch wertbeitragsindividuelle Attribution.** Diese berücksichtigt zwar auch die Position, teilt aber jedem Touchpoint einen individuellen Wertbeitrag zu. Diese werden fortlaufend über **Algorithmen** neu berechnet und angepasst, indem **Wechselwirkungen** und **Synergien** zwischen den Touchpoints ebenso Berücksichtigung finden wie Veränderungen des Kundenverhaltens, Preissensibilitäten, saisonale Effekte, die Wettbewerbsintensität in einzelnen Produktkategorien und Wirkungsveränderungen von Werbemitteln (Stülpnagel 2016). Entscheidend sind in solchen Berechnungen neben der Position in der Customer Journey die Anzahl und Art der **Kontakte** bis zum Kauf sowie die Zeit zwischen den Kontakten bis zum Kauf (Otto 2020).

Dies hat zur Folge, dass die gleiche Kanalreihenfolge in der Customer Journey bei unterschiedlichen Zeitabständen zwischen den Kontakten zu unterschiedlichen **Attributionswerten** führt. So sind Content Publisher am Anfang der Customer Journey oft benachteiligt, da Gutschein und Cashback Publisher zum Ende der Customer Journey mit der Bereitstellung von Rabatten meistens den Kauf auslösen (Scholz 2019). Eine wertbeitragsindividuelle Attribution könnte Content Publishern einen höheren Wirkanteil zumessen als Gutschein- und Cashback Publishern. Die dynamische Attribution garantiert so eine faire und objektive Provisionsverteilung (Otto 2020).

Um den komplexeren Weg einer Customer Journey mit device- und kanalübergreifenden Wechseln innerhalb eines Kaufentscheidungsprozesses technisch korrekt und eindeutig nachvollziehen zu können, bedarf es einer **Cookie-Weiche** oder auch **Trackingweiche**. Dies betrifft auch die Situation, dass von Merchant und Affiliate mehrere Affiliate-Netzwerke parallel genutzt werden und eine **Deduplizierung,** also eine Mehrfachprovisionierung, vermieden werden soll (BVDW 2018, S. 18). Einer Trackingweiche muss ein **Regelsystem** zugrunde liegen, welcher Affiliate aus welchem Netzwerk einen Provisionsanspruch vorrangig geltend machen kann (Projecter 2018). Auch innerhalb eines Netzwerks müssen Conversions dedupliziert werden, wenn zwei Affiliates des gleichen Netzwerks Provisionsansprüche anmelden (Projecter 2018).

Der Zeitrahmen einer Nachverfolgung der **Customer Journey** ist durch die vom Merchant in seinen Teilnahmebedingungen festgelegte **Cookie Lifetime** (Cookie-Laufzeit) geprägt. Diese legt unabhängig von den individuellen Webbrowsereinstellungen des Onlinenutzers fest, über welchen Zeitraum ein weitergeleiteter Kontakt dem vermittelnden

Affiliate zugeordnet bleibt. Die Cookie Lifetime ist von Merchant zu Merchant verschieden, sie reicht von 24 h im Partnerprogramm von Amazon bis hin zu Laufzeiten von 30, 45, 60 oder 90 Tagen. Je länger die Laufzeit, desto höher sind die Chancen auf Provisionen in lang andauernden **Kaufentscheidungsprozessen.** Ob statisch oder dynamisch, die Höhe der Provisionierung pro Transaktion bleibt für den Merchant gleich, es geht bei der Attribuierung nicht um insgesamt höhere Provisionen, sondern lediglich um eine Aufteilung derselben auf all diejenigen, die bei einer erfolgreichen **Transaktion** mitgewirkt haben. Für die Affiliates ist die Frage der Attribuierung von hoher Relevanz, gerade wenn es um gerecht aufgeteilte Wertbeiträge in komplexen Customer Journeys geht. Als Fazit lässt sich festhalten, dass statische Attributionsmodelle zugunsten einer dynamischen Provisionierung künftig noch stärker an Akzeptanz und Bedeutung einbüßen werden.

4.3 Provisionsmodelle

Die Provisionierung erfolgt im Affiliate-Marketing über sogenannte Provisionsmodelle, denen unterschiedliche Vergütungsformen zugrunde liegen (Bernecker 2019). Allen ist gemein, dass sie das Tracking einer messbaren Aktion für die Zuteilung der Provision erfordern. Die Vergütung stellt den konstituierenden **Anreiz** für das Engagement und die **Motivation** der Affiliates dar. Denn nur mit einem attraktiven Provisionsmodell lassen sich Partner für eine **Vertriebskooperation** begeistern. Die Anreize müssen transparent sein, insbesondere da die Konditionen von Merchants in den Programmlistings der Affiliate-Netzwerke sehr einfach gegenübergestellt werden können. Auch bei den in Eigenregie betriebenen Partnerprogrammen der Wettbewerber sind deren Provisionsmodelle und Konditionen in den Programmbeschreibungen auf ihren Websites leicht zu recherchieren (Olbrich et al. 2015, S. 72). Neben dem Angebot des passenden Provisionsmodells ist aus Sicht der Affiliates vor allem die Höhe der Provisionen ausschlaggebend für die Bewertung der Attraktivität des Partnerprogramms (Olbrich et al. 2015, S. 67). Wie Abb. 4.4 grafisch

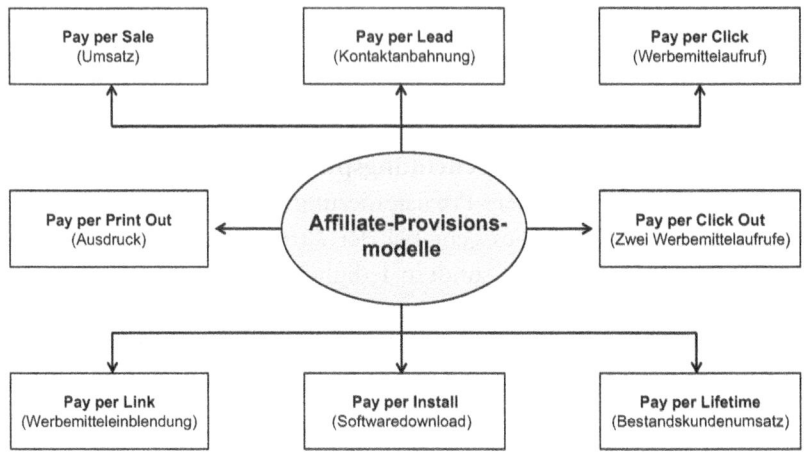

Abb. 4.4 Affiliate-Marketing-Provisionsmodelle. (Eigene Darstellung)

visualisiert, können im Affiliate-Marketing verschiedene Provisionsmodelle einzeln oder auch kombiniert zum Einsatz kommen, diese sind im Folgenden erläutert.

Pay per Sale
Als Umsatz bezeichnet man den Verkaufserfolg des Absatzes von Waren und Dienstleistungen einer Periode (Wöhe und Döring 2013, S. 757). Der **mengenmäßige Umsatz** kennzeichnet die Anzahl verkaufter Produkte als Absatzmenge. Der **wertmäßige Umsatz** ergibt sich aus der Multiplikation von Absatzmenge und Verkaufspreisen der Waren (Thommen und Achleitner 2012, S. 145). Der um die Verrechnung der Mehrwertsteuer bereinigte **Nettoumsatz** ist die Erfolgsgröße des Pay per Sale (Synonym: **Pay per Order**), bei der der Affiliate eine Provision für jeden durch seine Vermittlung verkauften Artikel erhält. Pay per Sale stellt somit die reinste Form einer **performancebasierten Abrechnung** dar. Die Höhe der Provision ist ein Attraktivitätsbeleg für das jeweilige Partnerprogramm. Die Provision kann sich auf den einzeln beworbenen Artikel (Menge) oder auf den gesamten Warenkorb (Wert) beziehen. Im letzteren Fall profitiert der Affiliate von **Verbundkäufen,** die der vermittelte Kunde in einem Kaufvorgang kombiniert, obwohl er diese gar

nicht beworben hat (Bernecker 2019). Die Provision kann einen **Fixbetrag** oder, was häufiger der Fall ist, eine prozentual am Verkaufswert des Produktes oder Warenkorbs gemessene Vergütung darstellen.

Die Provisionshöhe ist bei vielen Merchants zwischen **Neukundengewinnung** und **Bestandskundenzuführung** sowie nach verschiedenen Publisher-Modellen gestaffelt. Die Neukundengewinnung kann mit einem höheren Provisionssatz vergütet werden, da eine eigengesteuerte Neukundengewinnung mit meist hohen **Akquisitionskosten** verbunden ist. Auch die Bewerbung eines neuen Produktes kann in der Markteinführungsphase zu höheren Provisionen führen, die dann im Zeitablauf, nachdem sich das Produkt im Markt etabliert hat, sukzessive wieder gesenkt werden (Lammenett 2017, S. 68). Die Qualität und Wertigkeit der beworbenen Artikel und damit deren **Preisstellung** haben ebenfalls einen signifikanten Einfluss auf die Kaufentscheidung der Konsumenten und auf die Attraktivität des Partnerprogramms. Bei hochpreisigen Produkten können auch wenige Sales pro Zeitraum zu einem den Affiliate zufriedenstellenden Provisionsanspruch führen. Bei geringpreisigen Gütern muss die **Quantität** der Bestellungen ausreichend sein, um die insgesamt erzielten Provisionen in ihrer absoluten Höhe als zufriedenstellend zu betrachten. Grundsätzlich ist die individuelle **Erfolgsquote** des Pay per Sale für den Affiliate nicht durch eigene Aktivitäten beeinflussbar. Eine erfolgreiche Transaktion nach dem **Klick Through** einer Zielperson ist allein von der **Usability** und **User Experience** des Merchant-Onlineshops abhängig. Gelingt es dem Onlineshop, den weitergeleiteten Websitebesucher von seinem beworbenen Angebot zu überzeugen, so wird dieser einen Kauf tätigen und damit einen Provisionsanspruch für den Affiliate auslösen. Wird nach dem Klick Through die intendierte Aktion nicht durchgeführt, so generiert sich auch kein Provisionsanspruch.

Pay per Lead
Unter einem Lead versteht man einen qualifizierten Kontakt, der in der Folge idealerweise über bindungsfördernde Maßnahmen zu einem Erst- und dann auch Folgekäufer transformiert wird. Die Kontaktanbahnung zu einer Zielperson wird als **Leadgenerierung** bezeichnet. Zu unterscheiden ist bei Pay per Lead die Kontaktanbahnung mit und

ohne direkte Umsatzeinwirkung. Es erfolgt kein unmittelbarer **Initialumsatz** (Erstumsatz), wenn Neukunden für die kostenlose Eröffnung eines Girokontos oder Wertpapierdepots geworben werden (Lammenett 2017, S. 68) oder ein kostenloses Probeabonnement abgeschlossen wird (Kreutzer 2018, S. 256). Wird bei einem Versicherungsunternehmen die Herstellung eines Kontaktes bereits vergütet **(keine direkte Umsatzwirkung),** so erfolgt aus dem Kontakt nicht zwingend auch ein Vertragsabschluss (Lammenett 2017, S. 69). Wird die Auszahlung der Provision jedoch an einen erfolgreichen Vertragsabschluss mit unmittelbarer Versicherungsprämienzahlung durch den Neukunden gekoppelt **(direkte Umsatzeinwirkung),** so sind die Grenzen zwischen Pay per Lead und Pay per Sale fließend, denn mit dem Vertragsabschluss ist ein Produkt verkauft worden. Im erweiterten Sinne kann Pay per Lead auch als eine Prämie für die sich aus dem Kontakt ergebende **Neukundengewinnung** verstanden werden, wobei die Conversion eines Kontaktes zu einem Kunden durch die erfolgreiche Leadbearbeitung durch den Merchant geprägt ist. Die Affiliate-Marketingkampagne legt fest, welche kontaktgenerierende Aktion auf der Merchant-Website als Lead verstanden wird. Der vom Merchant definierte Lead kann beispielsweise die Registrierung für einen Newsletter sein, aus der mit den folgenden Zustellungen der Newsletter sich ein späterer Produktkauf generiert. In der reinen Leadgenerierung ohne direkte Umsatzeinwirkung geht es somit primär um die Registrierung von Interessenten mit der freiwilligen Angabe ihrer **Kontaktdaten,** um diese als potenzielle Zielkunden durch nachgelagerte Kommunikationsmaßnahmen zu bedienen (BITKOM 2008, S. 8). Bei erklärungsbedürftigen und beratungsintensiven Produkten wie Versicherungen, Vorsorge, Geldanlage und Finanzen ist gegebenenfalls ein Onlineabschluss ohne vorherige Beratung nicht möglich (Bernecker 2019). Die Höhe der Provision ist normalerweise an den „Wert" des Lead für den Merchant gekoppelt. Die Vermittlung eines Lead für eine Bank oder ein Versicherungsunternehmen bietet ein hohes Potenzial für eine langjährige Kundenbeziehung und wird daher mit attraktiven Provisionen bedacht.

Varianten des Pay per Lead beziehen sich auf die konkretere Ausformulierung der vom Lead auszuführenden Aktion nach dem Werbemittelkontakt. Mit **Pay per E-Mail** ist die Eintragung in eine

E-Mail-Verteilerliste intendiert, mit **Pay per Call** ist es die Inanspruchnahme eines telefonischen Beratungsgesprächs, welches der Lead über einen **Call-Back-Button** mit einer **Rückrufanfrage** auf der Merchant-Website anfordert. Mit **Pay per Sign-up** wird ein Provisionsanspruch ausgelöst, wenn die Websitebesucher Daten durch das Ausfüllen von Webformularen übermitteln, beispielsweise ihre Kontaktdaten zur Teilnahme an einem Gewinnspiel. Unter **Pay per Action** kann der Aufruf von Videos und Informationsmaterialien fallen.

Pay per Click
Pay per Click ist gegenüber Pay per Sale und Pay per Lead nicht direkt aktionsgebunden. Der Affiliate wird für jeden Websitebesucher vergütet, der per Klick zur Merchant-Website geleitet wird, unabhängig davon, ob er einen Kauf tätigt oder nicht (Büttgen 2002, S. 567). Pay per Click dient primär dem Ziel der Generierung von **Besucherfrequenz**. Der Affiliate erhält einen **Fixbetrag** für jeden Klick auf die auf seiner Website integrierten **Werbemittel** (BITKOM 2008, S. 12), dieser ist abhängig von den jeweiligen Kampagnen und liegt in der Regel zwischen 0,03 EUR und 0,25 EUR (Lammenett 2017, S. 69). Wie Abb. 4.5 darstellt, entsteht mit dem Klick der **Erstkontakt** mit der Merchant-Website und damit die Voraussetzung für unmittelbar oder mittelbar folgende Aktionen. Somit stellt der Klick die erste messbare, wenn auch schwache **Interaktivität** eines Interessenten dar (Olbrich et al. 2015, S. 68). In einer perfekten Wirkungskette folgt auf einen Klick eine Aktion, der Websitebesucher wird zum Lead und in der Leadbearbeitung durch den Merchant mit einem nachfolgenden Sale zum Kunden.

Das Provisionsmodell Pay per Click entspricht somit nicht oder nur rudimentär dem Anspruch einer stringenten Performanceorientierung im Affiliate-Marketing. Die latente Reaktanz gegen Onlinewerbung durch **Bannerblindheit** und **Ad-Blocker** schränkt das Potenzial des rein auf die Einblendung ausgerichteten und nichtaktionsgebundenen **Display Advertising** (Sammelbegriff für die Onlinewerbung mit grafischen Werbemitteln wie Banner, Videos, Bilder, Animationen) weiter ein. Hinzu kommt, dass Manipulationen durch Klickbetrug **(Click Fraud)** so weit wie möglich zu minimieren sind. Die

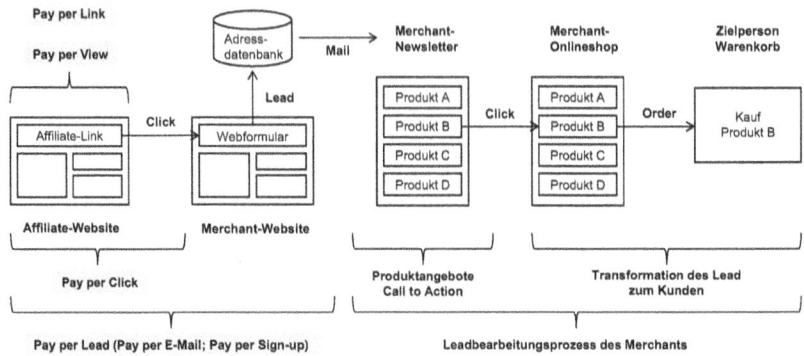

Abb. 4.5 Leadbearbeitung über Newsletter-Marketing. (Eigene Darstellung)

Einrichtung von **IP-Sperren** soll verhindern, dass mehrere Klicks des gleichen Nutzers auch mehrfach gezählt und vergütet werden müssen.

> **Merke!**
>
> Der Klick auf ein Werbemittel ist die unabdingbare Voraussetzung, dass bei Partnerprogrammen eine zeitlich nachgelagerte Aktion (Lead oder Sales) durch den weitergeleiteten Websitebesucher ausgelöst wird.

Pay per Click wird häufig in **hybride Vergütungsmodelle** integriert. Diese **Mischformen** können eine Kombination aus Fixbetrag, kontaktorientierter, interaktionsorientierter und erfolgsorientierter Vergütung abbilden (Olbrich et al. 2015, S. 62). So kann beispielsweise die **Frequenzleistung** des Affiliates (Pay per Click) mit der Zielerreichung des Merchant (Pay per Lead oder Pay per Sale) gekoppelt werden. Hierbei erhält der Affiliate auch dann eine Vergütung, wenn er „nur" einen hohen Traffic auf der Merchant-Website generiert. Eine Vergütung von drei Cent pro Klick könnte mit einer Verkaufsprovision von fünf Prozent verbunden werden (Lammenett 2017, S. 57). Pay per Click, Lead und Sale sind die am häufigsten eingesetzten Provisionsmodelle im Affiliate-Marketing. Daneben existieren, wie Abb. 4.4 zeigt, noch weitere Varianten, die sich in ihren Zielsetzungen auch teilweise überschneiden. Sie sind im Folgenden kurz vorgestellt.

Pay per Click Out
Der vermittelte Websitebesucher muss auf der Merchant-Website einen weiteren Klick durchführen (Click Out), um einen Provisionsanspruch für den Affiliate auszulösen. Dies kann der Aufruf von weiteren verlinkten Informationsangeboten sein (Kreutzer 2018, S. 257). Dieses Modell stellt eine Erweiterung des reinen Pay per Click dar und ist werthaltiger, da es für den Vergütungsanspruch der Auslösung von mindestens zwei Klicks bedarf.

Pay per Print (Out)
Mit Pay per Print (Out) wird ein Papierausdruck vergütet, dies kann zum Beispiel der Ausdruck eines Tickets, einer Information oder eines Coupons am eigenen Rechner oder an einem öffentlichen Terminal sein. Im Zeitalter der mobilen Onlinenutzung ist dieses Modell kaum noch relevant, da elektronische Tickets und Coupons mobil bereitgestellt und eingelöst werden können.

Pay per Link
Allein schon die Affiliate-Aktivität der Einbindung eines Werbemittels wird mit einer Prämie bedacht. Dies kann verglichen werden mit einem **Werbekostenzuschuss,** wie es der stationäre Einzelhandel für die **Regalplatzierung** von Produkten einfordert. Auf das Affiliate-Marketing übertragen verlangen Affiliates einen fixen Werbekostenzuschuss für aufmerksamkeitsstarke Werbemittelplatzierungen auf ihren Websites, meist zusätzlich zu einer Pay-per-Sale-Vergütung (BVDW 2018, S. 10). Dieser Zuschuss kann auch als **Set-up Fee** (Einrichtungsgebühr) bezeichnet werden. Nur reichweitenstarke attraktive Affiliates können ein Pay per Link beim Merchant durchsetzen. Das Pay per Link kann auch als eine Honorierung des Affiliates für seine Werbeleistung zum Aufbau zielgruppenspezifischer Reichweite verstanden werden.

Pay per View (Pay per Mille)
Mit Pay per View wird die reine Anzeige respektive Einblendung des Werbemittels (Banner oder Textlink) provisioniert. Die Wahrnehmung der Werbemittel kann damit nicht gemessen werden. Dieses

aus Performancesicht nicht sehr effektive Provisionsmodell ist eine reine Vergütung für die Streuung eines Werbemittels und damit zum Aufbau von Reichweite und Bekanntheit. Die Vergütung (**Pay per Mille = CPM**) erfolgt in der Regel auf Basis des **Tausend-Kontakt-Preises** (TKP), es wird ein fester Betrag für jeweils tausend Einblendungen bezahlt (Meffert et al. 2015, S. 706 f.). So würde bei einem CPM von 2 EUR bei 120.000 Views eine Provision von 240 EUR generiert. Mit dem **Postview-Verfahren** wird im Moment der Anzeige eines Banners ein **View-Cookie** gesetzt, ohne dass ein Klick auf den Banner erfolgen muss (Domin 2018). Sucht der Onlinenutzer zu einem späteren Zeitpunkt den mit der Bannereinblendung beworbenen Onlineshop auf, wird dieser Besuch auf das Banner zurückgeführt und dem Affiliate entsprechend vergütet (Kreutzer 2018, S. 258).

Pay per Install
Dieses Provisionsmodell wird nahezu ausschließlich im **Softwarevertrieb** eingesetzt. Mit Pay per Install wird die (erstmalige) Installation von Software auf einem Computer provisioniert, beispielsweise Toolbars oder Demoversionen (Kreutzer 2018, S. 257). Auch die Installation von Apps auf dem Smartphone kann über Pay per Install provisioniert werden. Mit Pay per Install kann eine **Lifetimevergütung** verknüpft werden, wenn beispielsweise dem Test einer Demoversion ein Vertragsabschluss für die Lizenzierung der Software erfolgt (Bernecker 2019).

Pay per Lifetime (Lifetimeprovisionierung)
Die Lifetimeprovisionierung ist eine erweiterte Form des Pay per Sale. Die Neukundengewinnung durch einen Affiliate hat in diesem Provisionsmodell die Folge, dass **Folgekäufe** und **Folgeleistungen** während der gesamten **Customer Lifetime** eine anteilige Provision auf den „lebenslangen" Warenkorb auslösen (Lammenett 2017, S. 70). Dieses Modell findet seine Anwendung dort, wo sich die **Neukundenakquisition** sehr wettbewerbs-, zeit- und aufwandsintensiv gestaltet. Je länger und werthaltiger sich die **Kundenbeziehung** entwickelt, um so attraktiver wird eine Lifetimevergütung für den Affiliate, da es für die Auslösung von Folgekäufen keiner weiteren Anstrengung seinerseits bedarf. Für das Tracking und Monitoring der Lifetimeumsätze muss der

Affiliate dem Merchant einen **Vertrauensvorschuss** entgegenbringen, da er selber keine Transparenz und Kontrolle über die Folgekäufe direkt über die Merchant-Website hat. Das sicherste Trackingverfahren besteht darin, dass beim Erstkauf die Partner-ID des Affiliate mit der Kundenkennung in einer Datenbank des Merchant gespeichert und verknüpft wird (Lammenett 2017, S. 69 f.). Dieses Provisionsmodell schränkt mit der Ausweitung der Anzahl „belegter" Kunden die Attraktivität des Partnerprogramms für neue Affiliates erheblich ein. Wird ein inaktiver Kunde durch einen anderen Affiliate reaktiviert, so kann es aus dem Lifetimevergütungsmodell ältere Rechte an dem Provisionsanspruch aus dem dauerhaften **Bestandskundenschutz** geben (Kollmann 2016, S. 335). Eine flexiblere Variante könnte die Begrenzung des Customer-Lifetime-Vergütungsansatzes auf ein oder mehrere Jahre sein. Eine spezifischere Variante ist das **Pay per Period,** wo regelmäßig ein Fixbetrag, beispielsweise als Monatsgebühr für eine Mitgliedschaft oder Grundgebühren und Nutzungsgebühren für einen Dienst, gezahlt werden muss (Kollmann 2016, S. 335). Diese Form der Provision eignet sich für die Geschäftsmodelle des **Abo-Commerce** (Deges 2020). Da Onlineabomodelle häufig über eine **Soft Subscription** mit flexiblen Kündigungsfristen verbunden sind, kann sich eine Abonnentenlifetime sehr unterschiedlich gestalten, von einigen wenigen Monaten bis zu jahrelangen Abonnements (Deges 2020). Wird die Mitgliedschaft oder das Abonnement gekündigt, so ist die Customer Lifetime beendet, die Gebührenzahlungen entfallen und mit ihnen auch der Provisionsanspruch des Affiliates.

Pay per Airtime (Airtime Vergütung)
Dieses spezielle Vergütungsmodell wurde eigens für den **Telekommunikationsbereich** entwickelt und gibt dem Affiliate eine Provision für jede **Gesprächsminute** (Airtime) in einem von ihm vermittelten **Mobilfunkvertrag** über die Laufzeit des Vertrages. Dies ist in der Regel auch mit einer Lifetimeprovisionierung verknüpft, wenn Kunden ihre auslaufenden Mobilfunkverträge immer wieder verlängern. Da heute viele Mobilfunkverträge auf **Flatrates** basieren, kann anstatt der Airtime-Vergütung auch ein **Pay per Period** mit einer anteiligen Provision auf die monatliche Flatrate vereinbart werden.

4.4 Modalitäten der Provisionszahlung

Oberste Devise für die Gestaltung und Administration eines Provisionsmodells ist Einfachheit und Transparenz (Kösters 2008, S. 398). Die **Provisionshöhe** muss fortlaufend überprüft und an das Markt- und Wettbewerbsumfeld angepasst werden (BITKOM 2008, S. 7). Sie kann nach **Publisher-Modellen** differenziert werden, um deren unterschiedliche Werbewirkung optimal zu belohnen (Kösters 2008, S. 399). Möchte der Merchant die Anzahl seiner Partner ausweiten, so kann dies mit einer Erhöhung der Provisionssätze befördert werden, insbesondere wenn der Merchant feststellt, dass er in seinem direkten **Wettbewerbsumfeld** zu niedrige Konditionen anbietet und damit attraktive Affiliates nicht für eine Zusammenarbeit begeistern kann. Die Provisionshöhe kann auch zeitlich begrenzt angepasst werden (Olbrich et al. 2015, S. 67), um eine **Produktneueinführung** zu promoten oder den **Abverkauf** veralteter Versionen eines Consumer-Electronics-Produktes zu forcieren. Auch der Start in ein **Saisongeschäft** kann durch eine zeitlich limitierte Affiliate-Promotion befördert werden, indem beispielsweise mit höheren Provisionen in der zweiten Novemberhälfte das Vorweihnachtsgeschäft angekurbelt wird.

Eine **Provisionsstaffelung** kann sich mit der Überschreitung einer **Mindestabsatzmenge** auch nach dem Erfolgsausweis einzelner Affiliates variabel anpassen (Kolbrück 2013, S. 184). Die Wertschätzung von Affiliates, deren Einsatz hohe Umsätze generiert, kann durch eine höhere Provision zum Ausdruck gebracht werden (Olbrich et al. 2015, S. 67). Dies fördert die **Motivation** der Affiliates, seine Anstrengungen zur Bewerbung der Produkte des Merchant auf seiner Website zu intensivieren. Ein **Treuebonus** in Form eines höheren Provisionssatzes belohnt besonders aktive Affiliates für jahrelang geleistete Beiträge und fördert deren **Bindung** an das Partnerprogramm (Olbrich et al. 2015, S. 69). Ein erhöhter Bonus könnte auch für erste Umsätze eines neuen Partners als **Willkommensbonus** gezahlt werden. Grundsätzlich ist bei hochpreisigen Produkten auch eine **Provisionsdeckelung** denkbar, die sich unabhängig vom Wert des Warenkorbs auf einen absoluten **Provisionshöchstbetrag** beziehen kann.

Provisionszahlungen sollten erst nach dem endgültigen Abschluss einer **Transaktion** ausgelöst werden (Olbrich et al. 2015, S. 74).

Retouren bewirken im Onlinehandel eine zeitlich verzögerte **Umsatzbereinigung,** da es sich um eine Rückabwicklung bereits getätigter Umsätze handelt (Heinemann 2018, S. 109). Die **Retourenquoten** stellen somit eine zeitlich um die Rückgabefristen verzögerte umsatzkorrigierende Variable dar. Da die Rückgabefristen zwischen den gesetzlich vorgeschriebenen 14 Tagen und teilweise bis zu 100 Tagen freiwillig eingeräumter Fristen differieren, gilt der Umsatz jeder Einzeltransaktion erst dann als unwiderruflich realisiert, wenn eine Produktrückgabe nicht mehr möglich ist (Deges 2017, S. 3). Die Auszahlung sollte nach Ablauf der bei einem **Fernabsatz** durch den Gesetzgeber vorgeschriebenen **Widerrufsfrist** (nach § 355 Absatz 2 BGB mindestens 14 Tage bei Onlinekäufen) erfolgen. Dies reduziert auch das Risiko überhöhter Provisionszahlungen bei **Scheinbestellungen,** wenn Produkte nach der Überweisung der Provision noch innerhalb der Rückgabefrist zurückgesendet werden. Bei extrem langen Rückgabefristen muss ein affiliate freundlicher Kompromiss gefunden werden. Merchants können aus ihrem **Retourencontrolling** ableiten, bis zu welchen Tagen einer verlängerten Rückgabefrist der Großteil der Retouren zurückgeschickt wird (Deges 2017, S. 41 ff.). Die Wahrscheinlichkeit, bei 100 Tagen Rückgabefrist eine Retoure erst am 99. Tag zurückzuerhalten, ist wohl sehr gering. So könnte die Provisionsauszahlung nach 60 Tagen erfolgen, um die Affiliates nicht als Leidtragende einer äußerst kulanten Merchant-**Retourenstrategie** zu demotivieren.

Retourenbereinigtes Pay-per-Sale-Partnervergütungssystem bei Douglas

Die Parfümeriekette Douglas (www.douglas.de) vergütet ihren Affiliate-Partnern als Standardprovision 10 % auf den Warenkorbwert. 30 Tage nach Eingang der Bestellung werden die Verkäufe im System abgeglichen. Vergütet werden alle Einkäufe, die nicht storniert oder komplett retourniert wurden. Bei Teilretouren erhält der Partner die Provision anteilig auf den Warenkorbwert. Nach Bestätigung der Sales erhält der Affiliate die Auszahlung über das jeweilige Affiliate-Netzwerk. Der Werbemittelcode und die ausgewählten Werbemittel können bequem und einfach mit einem Deeplinkgenerator in den Onlineauftritt des Partners integriert werden (Douglas 2020).

Beim Affiliate-Marketing handelt es sich um ein skalierbares Abrechnungsmodell (BITKOM 2008, S. 5), je mehr Partner Umsätze generieren, umso höher schlägt die Summe der gezahlten Provisionen zu Buche. Für tagesaktuelle **Liquidität** ist Sorge zu tragen, wenn Provisionsansprüche an festen Zahltagen gesammelt an alle Partner überwiesen werden. Die Erreichung einer **Mindestsumme** kann den **Auszahlungsrhythmen** zugrunde gelegt werden (Kollewe und Keukert 2016, S. 471), um die **Zahlungsläufe** im Finanzwesen nicht mit einer Vielzahl von **Kleinstüberweisungen** administrativ zu überfrachten. Die Auszahlung verschiebt sich dann auf den nächsten Abrechnungszeitpunkt, der Vergütungsanspruch bleibt ja unabhängig davon bestehen.

Ihr Transfer in die Praxis

Informieren Sie sich regelmäßig über den Stand des EU-Gesetzgebungsverfahrens zur Inkraftsetzung der ePrivacy-Verordnung.

Reflektieren Sie, ob Sie mit Ihren Onlinepräsenzen alle Vorgaben und Auflagen der EU-Datenschutz-Grundverordnung (DSGVO) erfüllen.

Überprüfen Sie, ob Ihr Consent-Managementtool rechtskonform und benutzerfreundlich ausgestaltet ist.

Bewerten Sie Ihre Attributionsmodelle und prüfen Sie, wo eine statische durch eine dynamische Attribuierung ersetzt werden kann.

Monitoren Sie regelmäßig die Provisionsmodelle auf Ihren Erfolgsausweis und werten Sie aus, mit welchen Provisionsmodellen Sie Ihre Ziele erreichen oder gar übertreffen.

Prüfen Sie, ob Sie starre Provisionsmodelle durch Provisionsstaffelungen flexibilisieren können.

Minimieren Sie das Risiko von Scheinbestellungen, indem Sie Pay-per-Sale-Provisionen erst nach dem Ablauf Ihrer Retourenrückgabefristen auszahlen.

Monitoren Sie die Provisionsmodelle Ihrer direkten Wettbewerber und überlegen Sie, ob Sie sich mit Ihrer Provisionshöhe anlehnen oder differenzieren wollen.

Überlegen Sie, ob Sie Ihre Zahlungsläufe von Kleinstüberweisungen entlasten, indem Sie die Überweisung von Provisionen an die Erreichung von Mindestumsätzen koppeln.

Literatur

Bernecker, M. (2019). Was ist Affiliate Marketing? Die Cash Machine der Onlinewelt? https://www.marketinginstitut.biz/blog/was-ist-affiliate-marketing/. Zugegriffen: 29. Febr. 2020.

Bietz, A. (2019). Awin präsentiert Bounceless Tracking und das Tracking Optimisation Plugin. https://www.awin.com/de/news-und-events/awin-news/ankuendigung-bounceless-tracking. Zugegriffen: 29. Febr. 2020.

BITKOM. (2008). *Affiliate Management*. Berlin: BITKOM.

Büttgen, M. (2002). Affiliate Marketing. *Die Betriebswirtschaft, 5*, 566–571.

BVDW. (2018). *Die Ersten werden die Letzten sein. Affiliate Marketing – Chancen nutzen*. Berlin: BVDW.

BVDW. (2020). *Datenschutzkonformes Affiliate-Marketing – Eine rechtliche Einordnung*. Berlin: BVDW.

Deges, F. (2017). *Retourenmanagement im Online-Handel. Kundenverhalten beeinflussen und Kosten senken*. Wiesbaden: Springer Gabler.

Deges, F. (2018). *Influencer Marketing*. Wiesbaden: Springer Gabler.

Deges, F. (2019). Single-Opt-in. https://wirtschaftslexikon.gabler.de/definition/single-opt-119009. Zugegriffen: 6. März 2020.

Deges, F. (2020). Abo-Commerce. https://wirtschaftslexikon.gabler.de/definition/abo-commerce-121807. Zugegriffen: 26. Febr. 2020.

Domin, A. (2018). Was ist eigentlich Postview-Tracking? https://t3n.de/news/postview-tracking-1130704/. Zugegriffen: 26. Febr. 2020.

Douglas. (2020). Douglas Affiliate Partnerprogramm. https://www.douglas.de/Douglas-Aktuell/Partnerprogramm/index_c0096.html. Zugegriffen: 8. März 2020.

Dziuba, T. (2017). Tracking-Methoden im Affiliate-Marketing. https://tobias-dziuba.de/tracking-methoden-im-affiliate-marketing/. Zugegriffen: 3. März 2020.

Foscht, T., Swoboda, B., & Schramm-Klein, H. (2015). *Käuferverhalten*. Wiesbaden: Springer.

Heinemann, G. (2018). *Der neue Online-Handel*. Wiesbaden: Springer Gabler.

Heinzmann, P. (2000). Internet – Die Kommunikationsplattform des 21. Jahrhunderts. In R. Weiber (Hrsg.), *Handbuch electronic business* (S. 59–89). Wiesbaden: Gabler.

IONOS. (2018). Was sind First-Party-Cookies? https://www.ionos.de/digitalguide/hosting/hosting-technik/was-sind-first-party-cookies/. Zugegriffen: 24. Febr. 2020.

IONOS. (2020). Die Umsetzung der EU-Cookie-Richtlinie in Deutschland. https://www.ionos.de/digitalguide/websites/online-recht/cookie-richtlinie/. Zugegriffen: 25. Febr. 2020.

Kellermann, M. (2020). Affiliate Marketing. Trend-Report 2020. https://www.xpose360.de/news-trends/case-studies/trends-affiliate-marketing-2020/. Zugegriffen: 5. März 2020.

Kleickmann, L. (2019). Mit dem richtigen Attributionsmodell zum Erfolg. https://omnichannelaktivisten.de/mit-dem-richtigen-attributionsmodell-zum-erfolg/. Zugegriffen: 4. März 2020.

Kösters, A. (2008). Erfolgsfaktoren von Partnerprogrammen. In T. Schwarz (Hrsg.), *Leitfaden Online Marketing* (S. 387–410). Waghäusel: marketing-BÖRSE.

Kollewe, T., & Keukert, M. (2016). *Praxiswissen E-Commerce*. Köln: O'Reilly.

Kollmann, T. (2013). *Online-Marketing*. Stuttgart: Kohlhammer.

Kollmann, T. (2016). *E-Entrepreneurship*. Wiesbaden: Springer Gabler.

Kotler, P., & Bliemel, F. (1995). *Marketing-Management*. Stuttgart: Schäffer-Poeschel.

Kreutzer, R. (2018). *Praxisorientiertes Online-Marketing*. Wiesbaden: Springer Gabler.

Lammenett, E. (2017). *Praxiswissen Online-Marketing*. Wiesbaden: Springer Gabler.

Meffert, H., Burmann, C., & Kirchgeorg, M. (2015). *Marketing*. Wiesbaden: Springer Gabler.

Olbrich, R., Schultz, C., & Holsing, C. (2015). *Electronic Commerce und Online-Marketing. Ein einführendes Lehr- und Übungsbuch*. Berlin Heidelberg: Springer Gabler.

OSG. (2017). Cookie Weiche: Was ist das und warum benötigt man sie? https://www.onlinesolutionsgroup.de/blog/cookie-weiche-was-ist-das-und-warum-benoetigt-man-sie/. Zugegriffen: 25. Nov. 2019.

Otto. (2020). Was ist die dynamische Attribution? https://www.otto-partnerprogramm.de/wissenswertes/dynamische-attribution/. Zugegriffen: 8. März 2020.

Projecter. (2015). Basket Tracking im Affiliate Marketing. http://www.projecter.de/blog/affiliate-marketing/basket-tracking-im-affiliate-marketing-2.html. Zugegriffen: 29. Febr. 2020.

Projecter. (2018). Cookie- und Trackingweichen im Affiliate Marketing. http://www.projecter.de/blog/affiliate-marketing/cookie-weiche-im-affiliate-marketing.html. Zugegriffen: 25. Nov. 2019.

Projecter. (2019). Server to Server Tracking im Affiliate Marketing. http://www.projecter.de/blog/affiliate-marketing/server-to-server-tracking-im-affiliate-marketing.html. Zugegriffen: 29. Febr. 2020.

Scholz, J. (2019). Das kann die neue Awin Plattform. https://www.affiliateblog.de/das-kann-die-neue-awin-plattform/. Zugegriffen: 6. März 2020.

Schutzmann, I. (2018). Was sind Consent Management Provider und wer braucht sie? https://www.internetworld.de/technik/dsgvo/consent-management-provider-1543383.html?ganzseitig=1. Zugegriffen: 6. März 2020.

Stülpnagel, P. (2016). Dynamische Attribution: So gelingt die optimale Kanalgewichtung in Echtzeit. https://www.internetworld.de/online-marketing/expert-insights/dynamische-attribution-so-gelingt-optimale-kanalgewichtung-in-echtzeit-1074695.html?ganzseitig=1. Zugegriffen: 8. März 2020.

Thommen, J.-P., & Achleitner, A.-K. (2012). *Allgemeine Betriebswirtschaftslehre*. Wiesbaden: Springer Gabler.

Wessel, N. (2018). Amazon Affiliate Cookie: 90 Tage statt 24 Stunden. https://business-mit-kopf.de/online-marketing/amazon-affiliate-cookie-90-tage-statt-24-stunden/. Zugegriffen: 8. März 2020.

Wöhe, G., & Döring, U. (2013). *Einführung in die Allgemeine Betriebswirtschaftslehre*. München: Vahlen.

5

Ausgestaltung der Partnerprogramme

> **Was Sie aus diesem Kapitel mitnehmen**
>
> Wie Sie Affiliate-Marketingkampagnen entwickeln, durchführen und steuern
> Welche Werbemittel zu unterscheiden sind und welche Wirkungen Sie mit diesen erzielen
> Welche Regelungen eine vertragliche Kooperationsvereinbarung umfassen sollte
> Wie mit Information und Kommunikation die Affiliates optimal betreut werden
> Wie Sie leistungsstarke Top-Affiliates nachhaltig binden

Jeder Merchant muss sein Partnerprogramm unternehmensspezifisch ausgestalten. Aus den Zielen und den zu adressierenden Zielgruppen leiten sich Kampagnenformate ab, die mit Affiliate-Marketing beworben werden. Die Kampagnenentwicklung bezieht sich einerseits auf die Auswahl der Produkte und Leistungen, die im Fokus der Vermarktung stehen sollen, sowie andererseits auf die geografische Streuung der Werbemittel (Abschn. 5.1). Für die Kampagnen müssen aufmerksamkeitsstarke und transaktionsfördernde Werbemittel kreiert werden, welche die Partner eigenständig auswählen und in ihre Onlinepräsenzen einbinden (Abschn. 5.2). Eine vertrauensvolle Kooperation bedarf vertraglich festgeschriebener Regelungen, in denen die Rechte und Pflichten der Vertragsparteien verbindlich formuliert sind (Abschn. 5.3). Die Betreuung und die Bindung von engagierten und leistungsstarken Affiliates schafft die Basis für eine langfristige und nachhaltige Zusammenarbeit (Abschn. 5.4).

5.1 Kampagnenentwicklung und Kampagnenformate

Bevor es an die Kreation der Werbemittel geht, müssen Affiliate-Marketingkampagnen so entwickelt und ausgestaltet werden, dass sie passgenau auf die Erreichung der Ziele und die zu adressierende Zielgruppe ausgerichtet sind. Des Weiteren muss entschieden werden, ob es sich um eine nationale oder internationale Kampagne handeln soll. Basiert ein Partnerprogramm auf der **Produktvermarktung** mit einem Pay-per-Sale-Provisionsmodell, so können das Gesamtsortiment, ausgewählte Warengruppen, Produkte oder einzelne Artikel Gegenstand einer Kampagne sein. Affiliate-Marketing eignet sich gleichermaßen für die **Neuprodukteinführung,** die Absatzförderung bereits im Markt etablierter Produkte wie auch für Promotionen zum Ausverkauf von **Saisonware.** Kampagnen zur Bekanntmachung von neuen Produkten befördern die breite Markteinführung und generieren Aufmerksamkeit in der Zielgruppe. Eine Kampagne mit marktetablierten Produkten kann die Ausweitung der **Zielgruppenansprache** über neue Customer Touchpoints zum Ziel haben, um stagnierende oder rückläufige Umsätze in etablierten Vertriebskanälen aufzufangen. Restbestände von Saisonware (beispielsweise Schuhe und Bekleidung) oder veraltete Produktversionen (beispielsweise in der Warenkategorie Consumer Electronics Elektronikgeräte und technisches Equipment) können über Affiliate-Marketing abverkauft werden. Da diese Waren nur noch mit einer attraktiven **Rabattierung** angeboten werden können und die Partnerprovision den Deckungsbeitrag zusätzlich belastet, liegt der Nutzen dieser Kampagnen eher in der Freistellung von **Lagerkapazitäten** und somit der Reduzierung von **Lagerkosten.** Während der Abverkauf von Saisonware eine kurzfristige Promotion (**pulsierende Werbung**) darstellt, können mit den Kernprodukten des Sortiments auch langfristige Kampagnen (**kontinuierliche Werbung**) umgesetzt werden (Meffert et al. 2015, S. 709). **Rabattaktionen** haben im Onlinehandel aufgrund der hohen Preistransparenz und der vielen Preisvergleichsportale einen hohen Stellenwert. Das **Couponing-Marketing** über Gutscheincodes mit zeitraum- oder mengenbezogenen Rabatten und Vergünstigungen erzeugt eine hohe Aufmerksamkeit und steigert die Attraktivität des Transaktionsangebotes (Kollmann 2016, S. 337). Mit der Einlösung eines Gutscheincodes wird im **Bezahlprozess** der Rabatt vom Verkaufspreis abgezogen oder die Beigabe eines Incentives ermöglicht. Für die Aussteuerung der Affiliate-Marketingkampagnen muss entschieden werden, wohin die Affiliate-Links verweisen sollen.

Affiliate-Link auf die Homepage (Startseite) des Onlineshops
Dieser eher allgemeine und nicht produktspezifische Link adressiert den Onlineshop mit seinem **Gesamtsortiment** als Zielseite. Dies kann sich anbieten, wenn ein **Spezialshop** (beispielsweise ein Onlineshop für Biorotweine aus Australien) nur ein tiefes Sortiment einer einzigen Produktkategorie anbietet (Kollewe und Keukert 2016, S. 472). Auf der Startseite selber können im direkten Blickfeld des Websitebesuchers Rotationsbanner als **Teaser** integriert sein, die den direkten Einstieg in eine Produktgruppe oder zu beworbenen Produkten ermöglichen. Auch die Markteinführung eines **Start-ups,** welches mit der Aufnahme seiner Geschäftstätigkeit ein eher begrenztes **Startsortiment** bietet, kann mit dem allgemeinen Link auf die Homepage des Onlineshops die Bekanntmachung des neugegründeten Unternehmens bedienen. Wird der Onlineshop als Ganzes beworben, so kann sich dies mit einer **Sales Rally** auch auf **Rabattaktionen** und **Sonderverkäufe** des gesamten Sortiments beziehen, beispielsweise ein Räumungsverkauf oder ein zeitlich limitierter Sonderverkauf, der sich auf alle Produktkategorien bezieht („20 % auf alles"). Rabattaktionen und Sonderverkäufe sind für Affiliates interessant, wenn eine Provision auf den gesamten **Warenkorb** der Kundenbestellung gewährt wird. Je höher der **Kaufwert** pro **Bestellvorgang,** desto attraktiver die zu erzielende Gesamtprovision.

An Sonderverkäufen, besonders in Phasen von Sommer- und Winterschlussverkäufen im Onlinehandel für Mode und Bekleidung, nehmen in der Regel viele Affiliates teil, weil bei attraktiven Preisreduzierungen eine höhere Kaufbereitschaft vermutet wird und die Wahrscheinlichkeit von Conversions bei „Schnäppchenkäufen" höher liegt als bei Aktionen mit den Standardpreisstellungen der Produkte.

Affiliate-Links auf Warenkategorien und Produktgruppen des Onlineshops
Werden verschiedene Warenkategorien und Produktgruppen beworben, so sollten die Affiliate-Links als **Deeplinks** in die jeweiligen Navigationsebenen auf das spezifische Produktprogramm verweisen. Bei einem Onlineschuhhändler können Deeplinks auf **Produktgruppen** wie Sommerschuhe, Winterschuhe, Sportschuhe oder in die **Warenkategorien** Herrenschuhe, Damenschuhe oder Kinderschuhe verweisen. Bei Onlineshops mit Sortimentskern Mode und Bekleidung können Deeplinks in Warenkategorien wie Hemden, Hosen und Jacken führen, jeweils noch mal differenziert in Herren-, Damen- und Kindermode (Kollewe und Keukert 2016, S. 472). Je genauer auf die Warenkategorien verwiesen wird, desto treffsicherer erfolgt die Adressierung potenzieller Kaufinteressenten. Dies stellt zwar einen Mehraufwand beim Erstellen der Werbemittel dar, die Vermarktung erfolgt dafür umso gezielter (Kollewe und Keukert 2016, S. 472).

Affiliate-Links auf einzelne Produkte und Artikel
In produkt- respektive artikelbezogenen Kampagnen ist die gezielteste Ansprache durch Werbung möglich, jedoch müssen dann auch für jeden Artikel individuelle Werbemittel in verschiedenen Formaten bereitgestellt werden (Kollewe und Keukert 2016, S. 472). Dies hat den Vorteil, dass das Sortiment bis auf Artikelebene unterschiedlich provisioniert werden kann. Werbeaktionen dieser Art werden eingesetzt, wenn einzelne Produkte mit dem Ziel einer **Absatzsteigerung** besonders promotet werden, auch die **Markteinführung** eines neuen Produktes erfordert eine spezifisch produktbezogene Kampagne. Die Kampagnenwirkung und damit auch die Provisionsgestaltung können nach direkten und indirekten Sales differenziert werden.

> **Provisionierung direkter und indirekter Sales im Amazon-Partnerprogramm**
>
> Amazon differenziert die Provisionen nach Produktkategorien und nach direkten oder indirekten Sales. Der Kauf eines vermittelten Kunden aus der mit dem Werbemittel beworbenen Produktkategorie wird als direkter qualifizierter Kauf gekennzeichnet, Käufe aus anderen Produktkategorien als beworben sind indirekt qualifizierte Sales, diese werden mit niedrigeren Provisionssätzen vergütet (Amazon 2020).

Sind Affiliate-Marketingkampagnen auf das Ziel der **Leadgenerierung** fokussiert, so stellen **Gewinnspiele** ein effektives Mittel dar, um Kunden auf Leistungsangebote aufmerksam zu machen (Kollmann 2009, S. 306). Es sollte darauf geachtet werden, dass das Gewinnspiel und die Unternehmensleistung in einem thematischen Zusammenhang stehen, um die Teilnahme zu einem wirkungsvollen Kontakt mit der Werbebotschaft zu nutzen (Kollmann 2009, S. 306). Gewinnspiele stehen für **Frequenzgenerierung,** wenn die Teilnahmebedingungen transparent und einfach gestaltet sind, nur die für die Registrierung und Kommunikation notwendigen Daten abgefragt werden und dem Gewinnspiel attraktive Preise zugrunde liegen. Mit der Registrierung für das Gewinnspiel kann die Aufnahme in den **Newsletterverteiler** promotet werden. Auf diese Weise wird die Reichweite der Aussendung von Newslettern und Werbe-E-Mails gesteigert.

Die Kampagnen müssen mit adäquatem zeitlichen Vorlauf geplant werden. Dies gilt insbesondere für absatzstimulierende Kampagnen zur Beförderung von saisonalen Abverkäufen zum Start oder Ende des Sommers (Bademoden und Sommerbekleidung) und des Winters (Wintersportausrüstung und Winterbekleidung) (Olbrich et al. 2015, S. 67). Der Start des **Weihnachtsgeschäftes** bedarf einer frühzeitigen **Planung** der den Geschenkekauf stimulierenden Kampagnen. Die Vertriebsunterstützung durch Affiliate-Marketingkampagnen kann auch Aktionen für umsatzstarke Tage oder Wochen wie Singles' Day, Black Friday, Cyber Monday, Cyber Week, Muttertag oder Valentinstag befördern.

Singles' Day

Der **Singles' Day** oder Junggesellentag am 11.11. gilt in China als der Tag für Alleinstehende, da das Datum nur aus Einsen besteht. Seit den 1990er-Jahren wird dieser Tag mit Singlepartys zelebriert. Im Jahr 2011 gab es den Singles' Day des Jahrhunderts, da das Datum 11.11.11 aus sechs Einsen bestand. Das E-Commerce-Unternehmen Alibaba nimmt seitdem diesen Tag zum Anlass für erhebliche Rabatte im Onlinehandel. Mittlerweile nutzen zahlreiche Offline- wie auch Onlineunternehmen in Asien den Singles' Day für Rabattaktionen. Alibaba erwirtschaftete am Singles' Day 2018 ein Bruttowarenvolumen von 30,8 Mrd. US$, was einer Steigerung von 27 % gegenüber dem Vorjahr entspricht (Melchior 2018).

Black Friday

Der Freitag nach Thanksgiving wird in den USA als **Black Friday** bezeichnet. Da Thanksgiving immer auf den vierten Donnerstag im November fällt, wird der Freitag von vielen Arbeitnehmern als Brückentag genutzt. Das lange Wochenende gilt als Beginn des Weihnachtsgeschäftes. Viele stationäre Einzelhandelsunternehmen bieten Rabatte und Sonderaktionen. Auch Onlinehändler profitieren vom Image des Black Friday. Zalando konnte am Black Friday 2018 rund 2 Mio. Bestellungen registrieren, 220.000 Neukunden wurden an diesem Tag gewonnen (Schroder 2018).

Cyber Monday

Der **Cyber Monday** ist der dem Thanksgiving-Wochenende folgende Montag. Der Cyber Monday ist das virtuelle Pendant zum Black Friday. Onlinehändler bieten an diesem Tag erhebliche Rabatte, mittlerweile nutzen auch im europäischen Raum Onlinehändler den Cyber Monday, da insbesondere Amazon diesen Tag in Deutschland und Europa für Verkaufsförderungsaktionen nutzt.

Die Planung der Kampagnen und Kampagnenformate muss auf den Agenden regelmäßiger Marketing- und Vertriebsmeetings als fester Tagesordnungspunkt verankert sein, um die Aufgaben und Abläufe zwischen den Abteilungen effizient und effektiv zu koordinieren.

Zeitpläne für die Bereitstellung der Werbemittel müssen mit kritischen **Deadlines** optimal ausgerichtet werden, damit die Banner und Textlinks rechtzeitig zum **Download** über die eigene Partnerprogrammwebsite oder in den eingebundenen Affiliate-Netzwerken bereitstehen. Affiliate-Kampagnen zum Abverkauf eines neuen Produktes müssen mit ergänzenden Werbemaßnahmen aus dem Online- und Offlinemarketing zeitgenau orchestriert werden, dies kann zum Beispiel flankierende TV- und Hörfunkwerbung, Display-, Print- und Außenwerbung zum Verkaufsstart des neuen Produktes sein. Die **Logistik** muss sicherstellen, dass eine ausreichende **Warenverfügbarkeit** in den Versandlagern vorgehalten wird, damit die **Produktbestellungen** aus den Affiliate-Kampagnen zeitnah ausgeliefert werden. Insbesondere dann, wenn die Kampagne mit einem **Leistungsversprechen** wie der Paketzustellung innerhalb von ein bis zwei Tagen verknüpft ist. Die Einhaltung des Leistungsversprechens mit der zeitnahen Lieferung sorgt dafür, dass mögliche Retouren aus Verärgerung über zu lange Lieferzeiten verhindert werden.

Der Merchant muss entscheiden, welche **Publisher-Modelle** die Kampagnen ausspielen sollen, dies kann auch in einen kombinierten Einsatz mehrerer Modelle und Publisher-Segmente münden (Warschburger und Jost 2001, S. 176 ff.):

- eine möglichst breite Streuung der Werbemittel, um Aufmerksamkeit zu generieren und die Besucherfrequenz zu erhöhen (**streuende Affiliate-Marketingkampagne**),
- ein unternehmensübergreifendes Cross-Selling durch die Verlinkung auf Affiliate-Websites mit ergänzendem Leistungsangebot (**leistungsergänzende Affiliate-Marketingkampagne**),
- eine Verbindung zu Affiliate-Websites mit engem Themenbezug (**content spezifische** bzw. **kontextsensitive Affiliate-Marketingkampagne**); Produktwerbung für Brautkleider kann in einen Hochzeitsblog, Pflegeprodukte bei einem Beauty-Influencer, Küchenutensilien bei einem Food-Blogger und Hotelwerbung auf Reiseportalen platziert werden,
- die Streuung von Rabattgutscheinen über Gutscheinportale wie mydealz.de oder melsungen-online.de (**bonusorientierte**

Affiliate-Marketingkampagne); Rabatte und Promotions sind besonders für Impulskäufe geeignet, ein zeitlich begrenzter Preisvorteil schafft einen kurzfristigen Kaufanreiz.

Produktqualität, Preis, Markenversprechen und Serviceleistungen sind wichtige **Kaufentscheidungsparameter** (Kösters 2008, S. 391). Je attraktiver das Produktangebot, desto größer das Interesse der Affiliates, dieses zu bewerben. Denn aus Affiliate-Sicht ist es weniger zielführend, ein Partnerprogramm zu bewerben, dass zwar die höchsten Provisionen im Segment bietet, aber nur geringe **Conversions** realisiert (Kolbrück 2013, S. 196). Daher ist neben der Kampagnenentwicklung mit attraktiven Angeboten und perfekt darauf ausgerichteten **Werbemitteln** die Merchant-Website bzw. sein **Onlineshop** so zu optimieren, dass hohe Conversion Rates erzielt werden. Denn der Affiliate hat im Pay-per-Sale-Provisionsmodell wenig von einer hohen **Klickrate** auf die Werbemittel, wenn anschließend die intendierten Handlungen auf der Zielseite des Merchant nicht durchgeführt werden. Damit für beide Seiten zufriedenstellende Conversion Rates erzielt werden, müssen vor allem die **Usability** und die **Customer Experience** der Merchant-Website zu überzeugen wissen.

> **Merke!**
> Ein attraktives Produktangebot mit hohem Vermarktungspotenzial überzeugt Affiliates eher als die hohen Provisionen im Marktsegment. Im Gesamtergebnis sind hohe Conversions bei niedrigeren Provisionen attraktiver als hohe Provisionen bei nur sehr geringen Conversions und hohen Retourenquoten.

5.2 Gestaltung und Bereitstellung der Werbemittel

Zu den Kampagnen müssen die passenden Werbemittel kreiert und den Affiliates zur Verfügung gestellt werden (BITKOM 2008, S. 7). Diese sollten aufmerksamkeitsstark mit einer prägnanten **Werbebotschaft** eine hohe Vertriebsorientierung aufweisen (BITKOM 2008,

S. 11 f.), damit sie mit der vom Merchant gewünschten Wirkung vom Empfänger rezipiert werden (Meffert et al. 2015, S. 713). Die Auswahl der Affiliates wird durch ein möglichst breites Angebot an unterschiedlichen Werbemitteln befördert. Schließlich geht es für den Affiliate darum, ein Werbemittel auswählen zu können, welches sich ideal in seine **Website** integriert und damit die optimale Positionierung der Werbebotschaft in das redaktionelle Umfeld begünstigt (Olbrich et al. 2015, S. 72). Die Gestaltung der Werbemittel obliegt der alleinigen Verantwortung des Merchant, eine Abstimmung mit Affiliates findet in der Regel nicht statt. Dennoch ist es hilfreich, ein **Feedback** der erfahrenen Top-Affiliates bei der Gestaltung von Werbemitteln zu berücksichtigen (Olbrich et al. 2015, S. 67). Je größer die Auswahl und je besser sich die Werbemittel in die Affiliate-Website inhaltlich und grafisch integrieren, umso höher stehen die Chancen, dass die Werbung bei den **Rezipienten** Beachtung und Aufmerksamkeit findet. Ferner lassen sich **Wear-out-Effekte** durch die Bereitstellung alternativer Inhalte für die unterschiedlichen Bannerformate verringern (Mayer 1990, S. 152). Die Gestaltung der Werbemittel ist eine permanente Aufgabe, vor allem dann, wenn pulsierende Kampagnen für Rabatt- und Sonderverkaufsaktionen einander abwechseln. Die Formate und Inhalte stehen dabei immer wieder auf dem Prüfstand ihrer optimalen **Werbewirkung.** Aus dem Monitoring des Erfolgs der Werbemittel lassen sich Optimierungsansätze ableiten, um die Werbemittel im Detail fortlaufend zu verbessern. Alle Werbemittel müssen zudem mit einem **Code** ausgestattet werden, der die **Partner-ID** der teilnehmenden Affiliates enthält. Die Werbemittel können hinsichtlich ihrer Formate (Größe und Form) und ihres Inhaltes (Werbebotschaft) differenziert werden:

Formate
Die Palette möglicher Werbemittel reicht von kurzen Textlinks bis hin zu grafisch hochwertig gestalteten Buttons und Bannern. Bei **Textlinks** handelt es sich um meist vom Merchant vorformulierte Texte, die als **HTML-Code** verwendet werden können (Kösters 2008, S. 397). Diese sind als **Hyperlink** mit der Partner-ID verknüpft und werden in die Affiliate-Website eingebettet. Textlinks können in verschiedenen Variationen bereitgestellt werden (Kösters 2008, S. 397). Der Textlink

kann beispielsweise die **URL** des Merchant oder ein eigenformulierter Werbetext sein, der mit der URL verlinkt ist. Für die Erstellung individueller Textlinks können Affiliates **Link-Code-Generatoren** einsetzen. Der Text sollte kurz und markant den Websitebesucher zum Klick auf das Werbemittel animieren. Textlinks sind ein beliebtes Werbemittel, sie sind einfach zu erstellen, nehmen kaum Platz ein und sind leicht in die Websites zu integrieren. Ein Textlink wird auf den ersten Blick nicht unmittelbar als Werbung wahrgenommen, sondern als Bestandteil eines redaktionellen Inhalts, wenn dieser sich einer Produktbewertung oder Produktempfehlung unmittelbar anschließt.

Eine bewährte Form von **Onlinewerbung** ist die Platzierung von **Bannern,** deren Formen und Gestaltungsmöglichkeiten sich durch eine große Vielfalt auszeichnen (Lammenett 2017, S. 72). Banner stehen für eine auffälligere Visualisierung als ein reiner Textlink und rufen damit ein höheres **Aktivierungspotenzial** bei den Rezipienten hervor (Meffert et al. 2015, S. 722). Die Bereitstellung verschieden gestalteter Banner vergrößert die Auswahl der Affiliates, denn diese entfalten nur dann ihre erwünschte **Werbewirkung,** wenn sie sich perfekt in den **Content** der Affiliate-Websites integrieren (BITKOM 2008, S. 8). Dabei lohnt es sich für den Merchant, regelmäßig mit einer Stichprobe eine **Content-Analyse** bei seinen Affiliates durchzuführen, um seine Gestaltungsoptionen gerade bei kontextsensitiver Werbemittelstreuung zu bewerten. Bei **Content-Publishern** mit hoher Textlastigkeit sorgen grafische Banner für eine gestalterische Abwechslung im Seitenaufbau. Natürlich liegt es in der Verantwortung und auch im Interesse der Affiliates, ihre Websites optimal auf die Werbemittel auszurichten und dafür qualitativ hochwertigen Content zu kreieren, damit hohe **Klickraten** auf die Werbemittel generiert werden. Werbebanner werden häufig als **HTML-Version** und/oder als reine **Grafikversion** angeboten. Als Grafikversion wird zumeist das **GIF-Format** eingesetzt. Es können statische und animierte Banner zur Verfügung gestellt werden (Kollewe und Keukert 2016, S. 471). **Statische Banner** bestehen aus einer einfachen Bannergrafik, die mit einem Link zur Website des Merchant versehen ist. Hier wird lediglich ein unbewegtes Bild präsentiert. **Animierte Banner** setzen sich aus mehreren Bannergrafiken zusammen, die in einer bestimmten Abfolge wechseln und so ein bewegtes Bild (oft in einer Endlosschleife) erzeugen (Kreutzer 2018, S. 201). Animierte Banner erzeugen durch die Bewegung mehr Aufmerksamkeit als statische Banner. Zu den vielfältigen Formen der **Bannerwerbung** siehe ausführlich Lammenett (2017, S. 295 ff.) und Kreutzer (2018, S. 195 ff.).

> **Merke!**
> Klassische Banner und einfache Textlinks sind die beliebtesten Werbemittel. Banner sollten in den bewährten Varianten und verschiedenen Layouts angeboten werden, damit sich der Affiliate das am besten in seine Website passende Format aussuchen kann.

Inhalte
Die Werbemittel müssen prägnante Werbebotschaften in sich tragen und diese aufmerksamkeitsstark inhaltlich und grafisch darstellen. Dabei sind sie auch in der Ansprache und Tonalität zu variieren, wenn unterschiedliche Zielgruppensegmente durch die teilnehmenden Publisher-Modelle angesprochen werden sollen. Die Werbebotschaften sollten eine eindeutige Handlungsaufforderung (**Call to Action**) beinhalten, damit Websitebesucher zum Klick animiert werden. Die Werbemittel sind regelmäßig auf ihre Aktualität zu überprüfen und bei Bedarf auszutauschen. Ebenso sind **crossmediale Effekte** zu berücksichtigen, indem parallel zu anderen Marketingaktionen die beworbenen Produkte und Leistungen auch über die Touchpoints der Affiliates zeitgleich angeboten werden. Bonusintegrierende Werbemittel erfreuen sich einer hohen Aufmerksamkeit. Ein Bonus als **Responseverstärker** steht mit unmittelbaren Reaktionen der Internetnutzer für hohe **Klick-through-Raten** und attraktive **Conversion Rates** (Kreutzer 2018, S. 251). Responseverstärker in Werbemitteln können beispielsweise Coupons mit Preisvorteilen, exklusive und limitierte Angebote oder die Teilnahme an einer Verlosung sein.

Coupons mit Rabattaktionen können auch im **Offline-Marketing** gestreut werden. **Printgutscheine** werden Versandpaketen beigelegt oder in Werbeanzeigen der Printwerbung (Zeitungen, Zeitschriften und Magazine) integriert. Diese sind mit einer **Partner-ID** bedruckt, welche den Affiliate bei der Einlösung des Coupons als das zuführende Streumedium identifiziert. Printgutscheine können so konzipiert sein, dass sie sowohl online wie auch offline oder nur in einem der beiden **Vertriebskanäle** einlösbar sind. Zielt ein Merchant auf Frequenzgenerierung in seinen stationären Geschäften ab, so kann die Couponeinlösung auf die Filialen begrenzt sein. Eine attraktive Reichweite wird als **Versandpaketbeilage** durch die hohe **Aussendungsquote** von kooperierenden Onlinehändlern erreicht. Wird der Gutschein eingelöst, so profitiert der Merchant vom Produktabsatz und der zuführende Partner von seiner Provision. Merchants können sich mit Printgutscheinaktionen gegenseitig unterstützen. Der Weinhändler legt seinen Warensendungen Printgutscheine eines Delikatessenhändlers bei und umgekehrt. Die Beilage von Printgutscheinen zeitigt auch einen positiven **Imageeffekt** für den Versender. Dieser wird als großzügig wahrgenommen, wenn gleich mehrere Gutscheine mit attraktiven Rabatten der Paketsendung beigelegt sind. Gutscheine stehen per se für eine hohe **Einlösungsquote.** Die Einlösung kann an einen **Mindestbestellwert** gekoppelt sein, dieser darf jedoch keine große Hürde für Konsumenten mit knappen Einkaufsbudgets darstellen. Manchmal sind Gutscheinaktionen auch darauf ausgerichtet, dass sie ausschließlich von Neukunden eingelöst werden können. Neben Textlinks und Bannern gibt es weitere Werbemittelformate, die im Affiliate-Marketing eingesetzt werden und über **Plug-ins** ihre Funktionalität entfalten.

Plug-in

Ein Plug-in **(Add-on)** ist ein **Erweiterungsmodul** einer bestehenden Software, mit dem über eine Schnittstelle das Programm um zusätzliche Funktionen erweitert wird. Dieses muss vom Anwender installiert werden, damit es genutzt werden kann. Ist beispielsweise ein Video in eine Website integriert, so wird für das Abspielen desselben ein **Flash-Player** als Plug-in benötigt.

Produktdatenbanken

In die Website des Affiliates wird eine Produktseite integriert, die im **CSV-Dateiformat** bereitgestellte Informationen des Merchant beinhaltet (Kreutzer 2018, S. 252). Das Dateiformat CSV ist die Abkürzung für **Comma Separated Values** und beschreibt den Aufbau einer Textdatei zur Speicherung oder zum Austausch strukturierter Daten. So kann über eine Schnittstelle ein ganzes Bündel an Produkten auf der Affiliate-Website dargestellt werden. Über einen **Deeplink** (Direktlink auf die Produktdetailseite) wird mit dem Klick auf ein in der Liste angezeigtes Produkt direkt auf die Produktdetailansicht auf der Merchant-Website weitergeleitet (Kösters 2008, S. 397). Neben einem größeren Produktangebot über ein einziges Werbemittel liegt der Vorteil in der einfachen Pflege und Administration. Ist der Code einmal auf der Website des Affiliates installiert, aktualisieren sich die Angebote automatisch über die korrespondierende Datenbank des Merchant (Lammenett 2017, S. 73; Kreutzer 2018, S. 252). Alternativ zum CSV-Dateiformat kann eine Produktdatenbank auch über eine **XML-Schnittstelle** integriert werden (Lammenett 2017, S. 73).

Smart Content
Mit Smart Content werden dynamische Werbemittel bezeichnet, die in einer **Aktionsbox** auf der Website des Affiliates integriert sind. Die dahinterliegende **Applikation** wird als Smart Widget bezeichnet. Ein **Widget** (das Silbenkurzwort für Window Gadget) ist eine Minianwendung auf dem Desktop, welches als kleinformatiges **On-Screen-Tool** zur Präsentation von Informationen verwendet wird (Kreutzer 2018, S. 253). Widgets sind immer in ein grafisches Fenstersystem eingebunden und aktualisieren ihre Informationen dynamisch über Schnittstellen aus korrespondierenden Programmen oder auch aus anderen Widgets (Lammenett 2017).

> **Statische und dynamische Werbemittel**
> Ein statisches Werbemittel hat einen festgelegten Inhalt. Ist sein Inhalt nicht mehr aktuell, so muss es durch ein modifiziertes Werbemittel ausgetauscht werden. Ein dynamisches Werbemittel, beispielsweise ein dynamisches Banner, aktualisiert sich automatisch über eine Schnittstelle und muss daher seltener ausgetauscht werden.

Suchboxen und Suchformulare
Der Affiliate kann auf seiner Website eine **Suchenschaltfläche** integrieren, die in **Realtime** die Produktdatenbank des Merchant durchsucht (Lammenett 2017, S. 74). Die Suchergebnisse können entweder auf der Affiliate-Website oder der des Merchant angezeigt werden. Klickt der Websitebesucher auf ein Suchergebnis, so wird er unmittelbar auf die Merchant-Website weitergeleitet und findet dort Detailinformationen zum gesuchten Angebot (Kreutzer 2018, S. 252). Die **Suchbox** kann aus nur einem Eingabefeld bestehen, sie kann aber auch als **Suchformular** aufgebaut sein, in der nach der Eingabe von Filterkriterien das passende Angebot aus der Datenbank herausgesucht wird. Ein Suchformular findet sich häufig auf Affiliate-Websites, wo erst durch die Eingabe von personenbezogenen Daten ein individuell passendes Angebot zusammengestellt werden kann. Dies ist bei der Suche nach Urlaubsangeboten, vornehmlich Flug- und Pauschalreisen, oder bei der Suche nach einem passenden Versicherungsangebot der Fall.

Video-Ads
Bewegtbildanimationen stehen für eine hohe **Aufmerksamkeit** und erreichen hohe Klickraten. **Werbespots** oder **Trailer** werden in die Affiliate-Website integriert. Damit wird ein crossmedialer Second-Screen-Effekt der **TV-Werbung** genutzt, indem der für das Fernsehen produzierte Werbespot über die Affiliates ein ergänzendes **Streumedium** bedient. Video-Ads haben den Vorteil, dass sie in verständlicher Form komplexe Inhalte in kurzen Sequenzen transparent und nutzerfreundlich darstellen. Ein Video-Ad kann auch mit klassischer Bannerwerbung als **Videobanner** kombiniert werden.

Pagepeel
Ein Pagepeel ist ein dynamisches Werbemittel, das zumeist in der oberen rechten Ecke ein „Eselsohr" hat. Mit einem **Mouse Over** blättert sich die Seite auf und die Werbebotschaft wird sichtbar (Lammenett 2017, S. 75). Ein Pagepeel generiert Aufmerksamkeit, indem es die **Neugierde** des Websitebesuchers auf den verborgenen Inhalt bedient. Ein Pagepeel dominiert nicht wie großflächigere Werbemittel

das Design der Website und überfrachtet es dadurch. Ein Pagepeel beansprucht wenig Platz und wirkt unaufdringlich.

Mobile Display-Ads
Durch die zunehmende Nutzung mobiler Endgeräte müssen Werbemittel auch für eine mobile screen optimierte Ansicht und Nutzung bereitgestellt werden. Auf mobilen Websites finden sich Banner und auch **QR-Codes** als Verlinkungselement.

> **Merke!**
> Neben Textlinks und Bannern sollte der Merchant seinen Affiliates eine Auswahl weiterer Werbemittel verschiedener Formate mit unterschiedlichen Gestaltungselementen und Inhalten zur Verfügung stellen. Je größer die Auswahl, desto wahrscheinlicher findet sich für jeden Affiliate das optimale Werbemittel.

5.3 Vertragliche Regelungen der Zusammenarbeit

Die Zusammenarbeit zwischen Merchants und Affiliates bedingt Rechte und Pflichten, die in vertragsrechtliche **Teilnahmebedingungen** transformiert werden müssen (Kösters 2008, S. 399). Da in den meisten Partnerprogrammen die Zusammenarbeit mit einer Vielzahl von Affiliates vereinbart werden muss, sind Standardverträge, gegebenenfalls nach Publisher-Modellen differenziert zu empfehlen. Folgende Aspekte müssen sowohl bei einem eigenbetriebenen Partnerprogramm wie auch bei einer Vermittlung über ein Affiliate-Netzwerk verbindlich geregelt werden:

Vergütung und Zahlung
Das Provisionsmodell und die Trackingmethode müssen vereinbart und die Bedingungen für eine Auszahlung der **Provision** eindeutig beschrieben sein (Kösters 2008, S. 399). Dies betrifft die Höhe der Provision, eventuelle Staffelungen, Zahlungsläufe und Auszahlungsmodalitäten wie die Fixierung einer **Mindestsumme** für die Auslösung

einer Überweisung. Längere Auszahlungsfristen sollten begründet sein, beispielsweise durch längere Retourenrückgabefristen, welche bei kulanten Onlinehändlern auch weit über die gesetzlich vorgeschriebenen 14 Tage hinausgehen können.

> **Mindestbestellwert eines Warenkorbes**
>
> Das OTTO-Partnerprogramm vergütet keine Warenkörbe mit einem Nettobestellwert unter 15 EUR (OTTO 2017).

Einsatz der Werbemittel und werbliches Umfeld der Einblendung der Werbemittel
Die Art und Weise des Einsatzes der **Werbemittel** auf den Websites der Affiliates muss präzise vereinbart werden. Die Positionierung der Werbemittel in einem definierten thematischen Kontext oder der Anspruch einer **Alleinstellung** des Banners in einem Mindestabstand zu Konkurrenzangeboten ist zu definieren. Es können auch explizit Bereiche ausgeschlossen werden, in deren Kontext die Ausspielung der Werbemittel nicht erlaubt ist (Olbrich et al. 2015, S. 67).

> **Platzierung von Affiliate-Links nur unter vom Merchant freigegebenen Internetadressen**
>
> Das OTTO-Partnerprogramm verpflichtet in den Teilnahmebedingungen seine Affiliates, Werbemittel des Unternehmens nur auf den bei der Registrierung für das Partnerprogramm angegebenen URLs zu platzieren. Änderungen in der Adressierung oder der inhaltlichen Ausrichtung der Websites müssen OTTO mitgeteilt werden (OTTO 2017).

Laufzeit und Kündigung
Laufzeiten, Kündigungsfristen und Kündigungsmodalitäten müssen festgeschrieben werden, insbesondere auch das Recht auf eine fristlose Kündigung. Diese kann nach vorheriger **Abmahnung** bei Vertragsverletzungen und einer Nichteinhaltung von vertraglich geregelten Absprachen ausgesprochen werden. Auch Ankündigungen zur Einlegung von Rechtsmitteln, um **Vertragsstrafen** durchzusetzen, finden sich in Teilnahmebedingungen wieder (OTTO 2017). Betrügerische Manipulationsversuche (**Fraud**) zur Erhöhung der Provisionsansprüche

betreffen den **Klickbetrug** (selbst ausgelöste Klicks auf die Werbemittel des Merchant), **Eigenbuchungen** mit **gefälschten Kundendaten** und späteren Stornierungen durch die Affiliates (wenn der Vergütungsanspruch unabhängig von Retourenrückgabefristen entsteht). Mit **Cookie-Dropping** oder **Cookie-Stuffing** werden provisionsauslösende Cookies auf Endkundenrechnern gesetzt, ohne dass eine entsprechende Werbung des Merchant eingeblendet wird (Piol 2018).

Haftung

Haftungsfragen bei rechts- und regelwidrigem Verhalten betreffen zum einen das **Innenverhältnis** zwischen Merchant und Affiliate. Der Affiliate muss davon ausgehen können, dass er vom Merchant **rechtskonforme Werbemittel** zur Verfügung gestellt bekommt, deren Inhalte keine marken- oder wettbewerbswidrigen Beanstandungen hervorrufen. Des Weiteren muss die Nutzung der urheber- oder markenrechtlich geschützten **Warenkennzeichnungen** und **Logos** des Merchant erlaubt sein (Kreutzer 2018, S. 573). Zu regeln ist, dass der Affiliate die Werbemittel nicht eigenmächtig verändern oder unrechtmäßige Anpreisungen formulieren darf, um die Klickraten auf die Werbemittel zu beeinflussen. Da der Affiliate bei einer erfolgreichen Weiterleitung eines Kontakts nicht der Vertragspartner des vermittelten Kunden wird, sind alle sich aus dem Kauf der Produkte oder Bezug der Dienstleistung ergebenden Verpflichtungen ausschließlich Gegenstand der Vertragsbeziehung zwischen Merchant und Kunde. Der Kunde kann somit nicht den Affiliate zur Verantwortung ziehen, wenn der Merchant seine Vertragspflichten gegenüber dem Kunden nicht einhält. Im **Außenverhältnis** können sich Haftungsfragen für den Merchant aus der **Rechtsverletzung** seiner Affiliates ergeben, wenn die Rechtsprechung zumutbare Pflichten der Überwachung und Maßregelung von Affiliates durch den Merchant nicht eingehalten sieht, da der Affiliate nach dem **Markengesetz** (MarkenG) und **Wettbewerbsrecht** (UWG) als ein **Beauftragter** des Merchant im Sinne des § 8 Abs. 2 UWG oder § 14 Abs. 7 und § 15 Abs. 6 MarkenG anzusehen ist. Nach gängiger Rechtsauslegung handeln Affiliates als Beauftragte des Merchant, weil sie so in dessen betriebliche Organisation eingegliedert sind, dass der Erfolg ihrer Tätigkeit dem Merchant zugutekommt und dieser einen bestimmenden Einfluss auf ihre Tätigkeit ausüben kann, auch wenn vertraglich noch ein Affiliate-Netzwerkbetreiber zwischengeschaltet ist (Kreutzer 2018, S. 573). Ein Merchant hat unverzüglich für die Beseitigung der Rechtsverletzung eines Affiliates zu sorgen, sobald er davon Kenntnis erhält (Kreutzer 2018, S. 574).

Suchmaschinen und Keyword-Advertising
Publisher setzen für ihre Trafficgenerierung auf Suchmaschinen. Für das **Keyword-Advertising** durch Affiliates müssen Regelungen vereinbart werden. Grundsätzlich wird natürlich ein Engagement der Affiliates zur Frequenzgenerierung gewertschätzt, allerdings sollte sich dieses im Rahmen eines seriösen und wettbewerbsrechtlich einwandfreien Verhaltens ausdrücken. Affiliates nutzen gezielt die Schaltung von Suchmaschinenanzeigen mit **Google Ads,** um ihre Besucherfrequenz über die Google-Suche zu erhöhen. Wenn Affiliates zu Markennamen oder relevanten Keywords des Merchant Anzeigen buchen, um in den Suchergebnissen hoch gelistet zu sein (Piol 2018), so erhöhen sich durch den Wettbewerb um die Anzeigenplätze die Cost per Click der Anzeigenschaltung dieser Keywords (Olbrich et al. 2015, S. 73). Ein solches **Brand Bidding,** auch wenn dies in den vertraglichen Vereinbarungen verboten wird (Piol 2018), stellt nichtsdestotrotz einen attraktiven Anreiz dar, wenn die Provision durch einen vermittelten Websitebesucher höher ist als die Kosten der Anzeigenschaltung (Kolbrück 2013, S. 191). Dabei sollte vom Merchant festgelegt werden, welche Begriffe Affiliates im Keyword-Advertising verwenden dürfen und welche explizit ausgeschlossen sind (Kösters 2008, S. 400). Regelungen müssen auch für den Umgang mit markenrechtlich geschützten Begriffen von Wettbewerbern getroffen werden. Obwohl der Merchant nicht direkt eine **Markenrechtsverletzung** durch den Affiliate verantwortet, sollte der Vertrag eine Verpflichtung beinhalten, dass Markenrechtsverletzungen zu vermeiden sind und für den Fall des Zuwiderhandelns zumindest im Innenverhältnis Merchants von **Haftungsansprüchen** freigestellt sind (Lammenett 2017, S. 412).

> **Fraud-Methode Ad-Hijacking**
>
> Mit dem Ad-Hijacking werden Anzeigen des Merchant durch Affiliates nachgebaut und in den Suchmaschinen geschaltet. Der Suchmaschinennutzer bemerkt in der Regel nicht, dass es sich um die Anzeige eines Dritten handelt. Mit dem Klick auf die Affiliate-Anzeige wird ein Cookie gesetzt und es folgt eine direkte Weiterleitung zur Merchant-Website. Der Affiliate kann sich die Frequenzgenerierung für den Merchant zuguteschreiben und profitiert von nachfolgenden Aktionen auf der Merchant-Website, obwohl vorher gar kein Kontakt mit seiner Affiliate-Website zustande gekommen ist (Piol 2018).

Exklusivität

Eine Exklusivität in der Produktvermarktung kann nur in **Sonderfällen** vereinbart werden, beispielsweise mit **Social-Media-Influencern** der Ausschluss von **Postings** zu Produktempfehlungen direkter Wettbewerber während der Laufzeit einer Kampagne. Professionelle Affiliates generieren ihre Einnahmen über eine Vielzahl von Kooperationen. Gegebenenfalls lässt sich eine zeitlich begrenzte Exklusivität vereinbaren, wenn die Provisionsgenerierung gar nicht den Hauptzweck der Tätigkeit eines Bloggers oder eines Betreibers einer Hobbywebsite darstellt. Eine Exklusivität muss über hohe Provisionssätze und attraktive Conversions schmackhaft gemacht werden. Grundsätzlich muss jeder Merchant damit rechnen, dass konkurrierende Werbemittel in den Affiliate-Websites eingebunden sind. Schließlich geht es dem Affiliate primär um die Optimierung seiner Provisionserlöse. Insofern wird er immer versuchen, sich und seine Websites bestmöglich zu vermarkten. Je stärker die Marke und das Produkt, welches beworben werden soll, umso eher kann eine **Alleinstellung** vereinbart werden, die dem Merchant eine bevorzugte Behandlung durch den Affiliate garantiert, auch wenn dieser eine Vielzahl an Partnerschaften anstrebt oder betreibt (Olbrich et al. 2015, S. 62).

Datenschutz

Die seit Mai 2018 rechtsgültige **EU-Datenschutz-Grundverordnung (DSGVO)** sorgt für mehr **Datensicherheit** und Transparenz in der Erhebung und Verwendung persönlicher und personenbezogener

Daten. Internetnutzer müssen **aufgeklärt** werden, welche Art von **Daten** für welche Zwecke auf den Websites erhoben wird. Da über Affiliate-Links personenbezogene Daten durch Cookies erhoben und gesammelt werden, muss jeder Websitebetreiber dies in seiner **Datenschutzerklärung** darstellen. Der Websitebesucher muss der Verwendung von Cookies explizit zustimmen (Abschn. 4.1). Verstöße gegen die DSGVO werden mit hohen **Bußgeldern** geahndet.

> **Verpflichtung der Affiliates zur Datenschutzkonformität**
>
> Das OTTO-Partnerprogramm verpflichtet in seinen Teilnahmebedingungen die Affiliates zur Einhaltung aller Regelungen und Vorgaben zum Datenschutz und schließt explizit eine Mitverantwortung für die Verletzung des Datenschutzes durch einen Affiliate aus (OTTO 2017).

Als Ergänzung zu den vertraglichen Vereinbarungen versucht die Affiliate-Branche mit **Selbstverpflichtungserklärungen** für Glaubwürdigkeit, Akzeptanz und Vertrauen in ihre Arbeitsweisen, Abläufe und Methoden zu werben. Der **Bundesverband Digitale Wirtschaft** e. V. (BVDW) stellte bereits im September 2008 den **Code of Conduct Affiliate Marketing** als erste Selbstverpflichtungsinitiative der Marktpartner im Affiliate-Marketing vor, der in regelmäßigen Abständen aktualisiert und erweitert wird. Seit 2011 bietet der BVDW eine Qualitätszertifizierung für Agenturen, die eine professionelle Arbeitsweise und hohe Qualität mit dem Siegel **Affiliate Marketing Trusted Agency** auszeichnet (Kolbrück 2013, S. 197).

> **Merke!**
> Wird ein Partnerprogramm im Eigenregie aufgebaut, so sollte die Ausgestaltung der Verträge von einem versierten Fachanwalt vorgenommen werden. Entweder verfügt das Unternehmen über eine eigene Rechtsabteilung, im anderen Fall sollte die Beauftragung einer Anwaltskanzlei in Erwägung gezogen werden. Die Kosten amortisieren sich schon alleine dadurch, dass ein eindeutig formuliertes und rechtssicheres Vertragswerk das Risiko rechtlicher Auseinandersetzungen minimiert.

5.4 Betreuung und Bindung der Affiliates

Als wichtige Vertriebspartner bedürfen Affiliates einer individuellen Betreuung durch den Merchant. Vor allem geht es darum, dass attraktive Partner mit hoher Umsatzwirkung langfristig gebunden werden. Wie eine Betreuung ausgestaltet werden kann, hängt von der Größe des Partnerprogramms und den verfügbaren **Ressourcen** ab. Da das Partnerprogramm sich schnell skalieren und schon nach kurzer Zeit eine Vielzahl an Affiliates umfassen kann, ist eine **Segmentierung** der Partner sinnvoll, um für jedes Segment eine spezifische Form der Betreuung festzulegen. Klassifiziert man die Affiliates mit einer **ABC-Analyse,** so kann unter dem ökonomischen Aspekt der Effizienz des **Ressourceneinsatzes** ein C-Affiliate nicht mit der gleichen **Intensität** wie ein A-Affiliate betreut werden. Dazu wird es an personellen Kapazitäten fehlen und der Aufwand der persönlichen Betreuung würde auch nicht in Relation zum eher bescheidenen Erfolgsbeitrag der C-Affiliates stehen.

> **ABC-Analyse im Affiliate-Marketing**
>
> Mit einer ABC-Analyse können **Zielobjekte** (Affiliates) nach ihrem Beitrag zu einer **Zielgröße** (Umsatz) in drei Gruppen klassifiziert werden. Eine Faustformel aus der praktischen Anwendung von ABC-Analysen würde in Bezug auf den über Affiliates generierten Umsatz aussagen, dass 20 % der Affiliates (A-Objekte) für 80 % des Umsatzes stehen (Meffert et al. 2015, S. 435).

An exponierter Stelle in der **Partnerstruktur** stehen die reichweiten- und umsatzstarken **Top-Affiliates** als A-Affiliates. Die Zusammenarbeit mit ihnen muss kontinuierlich gepflegt werden. Die Betreuung sollte individuell erfolgen, um damit auch eine **Wertschätzung** für deren Erfolgsbeitrag zum Ausdruck zu bringen. Ein fester Ansprechpartner kann mit einem **Affiliate-Manager** installiert werden (siehe Abschn. 6.1). Um eine für beide Seiten erfolgreiche Partnerschaft sicherzustellen, sollten die Ziele sowie die darauf ausgerichteten Beiträge in einer komplementären Beziehung zueinander stehen, damit beide Vertragsparteien vom Primärziel Umsatzgenerierung profitieren (Büttgen 2002, S. 568 f.). Die **Zufriedenheit** des Affiliates mit dem Partnerprogramm ist eine wichtige Voraussetzung für seine **Bindung** und damit langfristige Zusammenarbeit. Eine proaktive Betreuung beinhaltet das Einholen und Auswerten eines **Feedbacks.** Ein regelmäßiger **Gedankenaustausch** hilft, Erwartungen und Anforderungen zum beiderseitigen Nutzen in Einklang zu bringen (BITKOM 2008, S. 9). Top-Affiliates bringen Vorschläge für eine **Optimierung des Partnerprogramms** ein, auch durch ihre Erfahrungen aus Kooperationen mit anderen Merchants. Der Austausch kann durch den Merchant initiiert sein, des Weiteren muss auch reaktiv eine schnelle Antwort auf Fragen oder eine unmittelbare Beseitigung von Unstimmigkeiten erfolgen. Eine persönliche **Kommunikationsebene** befördert eine gute Atmosphäre in der Kooperationsbeziehung (Kösters 2008, S. 409). Mit einem **Affiliate-Newsletter** können Partner über neue Produkte, erfolgreiche Promotions, klickstarke Werbemittel, nützliche Ratschläge und Tipps regelmäßig auf den gleichen Informationsstand gebracht werden (Kolbrück 2013, S. 195). Zu einer offenen Kommunikation gehört auch die transparente Darstellung der **Retourenquoten** beworbener Artikel, damit Affiliates auf eine hohe **Retourenanfälligkeit** bei einzelnen Artikeln eingestellt sind (Kösters 2008, S. 390). Nachvollziehbare Abrechnungen, eine zeitlich optimierte Auszahlung der Provisionen sowie die Bereitstellung von aussagekräftigen Statistiken sind ein Mehrwert, der auf die **Partnerbindung** einzahlt. Die Top-Affiliates sind ebenso wie die angestellten Topvertriebsleute ein hochrelevantes **Asset** des Merchant für die Erreichung seiner ambitionierten Vertriebsziele. Diese müssen angemessen betreut und gewertschätzt werden (BITKOM 2008, S. 9).

> **Ihr Transfer in die Praxis**
>
> Erstellen Sie Jahrespläne für Ihre Affiliate-Marketingkampagnen, definieren Sie Verantwortlichkeiten für die Kampagnenausgestaltung und Deadlines für den optimalen Startzeitpunkt jeder einzelnen Kampagne.
> Überprüfen Sie, für welche Produktgruppen und Produkte pulsierende oder kontinuierliche Affiliate-Marketingkampagnen ein höheres Umsatzpotenzial aufweisen.
> Evaluieren Sie, welche Arten und Formen von Werbemitteln für die Vermarktung Ihres Produkt- und Leistungsprogramms am besten geeignet sind.
> Segmentieren Sie Ihre Affiliates mit einer ABC-Analyse.
> Erstellen Sie einen strukturierten Feedbackprozess.
> Überlegen Sie ein Betreuungskonzept und einen Informations- und Kommunikationsplan für Ihre Publisher-Segmente.
> Konzipieren Sie einen Newsletter und kommunizieren Sie darüber regelmäßig relevante Informationen aus Ihrem Partnerprogramm.
> Incentivieren Sie ihre erfolgreichsten Affiliates.
> Versuchen Sie attraktive, für Sie nicht mehr tätige Affiliates zu reaktivieren.

Literatur

Amazon. (2020). Was ist das Amazon-Partnerprogramm? https://amazon-affiliate.eu/de/was-ist-amazon-partnerprogramm/. Zugegriffen: 8. März 2020.

BITKOM. (2008). *Affiliate Management*. Berlin: BITKOM.

Büttgen, M. (2002). Affiliate Marketing. *Die Betriebswirtschaft, 5,* 566–571.

Kösters, A. (2008). Erfolgsfaktoren von Partnerprogrammen. In T. Schwarz (Hrsg.), *Leitfaden online marketing* (S. 387–410). Waghäusel: marketing-BÖRSE.

Kolbrück, O. (2013). *Erfolgsfaktor Online-Marketing*. Frankfurt a. M.: Deutscher Fachverlag.

Kollewe, T., & Keukert, M. (2016). *Praxiswissen E-Commerce*. Köln: O'Reilly.

Kollmann, T. (2009). *E-Business*. Wiesbaden: Gabler.

Kollmann, T. (2016). *E-Entrepreneurship*. Wiesbaden: Springer Gabler.

Kreutzer, R. (2018). *Praxisorientiertes Online-Marketing*. Wiesbaden: Springer Gabler.

Lammenett, E. (2017). *Praxiswissen Online-Marketing.* Wiesbaden: Springer Gabler.

Mayer, H. (1990). *Werbewirkung und Kaufverhalten: Unter ökonomischen und psychologischen Aspekten.* Stuttgart: Poeschel.

Meffert, H., Burmann, C., & Kirchgeorg, M. (2015). *Marketing.* Wiesbaden: Springer Gabler.

Melchior, L. (2018). Singles Day knackt erneut alle Rekorde. https://www.internetworld.de/e-commerce/online-handel/singles-day-knackt-erneut-rekorde-1620397.html. Zugegriffen: 20. Febr. 2019.

Olbrich, R., Schultz, C., & Holsing, C. (2015). *Electronic Commerce und Online-Marketing. Ein einführendes Lehr- und Übungsbuch.* Berlin: Springer Gabler.

OTTO. (2017). Teilnahmebedingungen für das OTTO-Affiliate-Programm. https://www.otto-partnerprogramm.de/teilnahmebedingungen/. Zugegriffen: 8. März 2020.

Piol, V. (2018). Die 5 häufigsten Fraud-Methoden im Affiliate Marketing – und was man dagegen tun kann. https://www.wuv.de/tech/die_5_haeufigsten_fraud_methoden_im_affiliate_marketing_und_was_man_dagegen_tun_kann. Zugegriffen: 4. Nov. 2019.

Schroder, J. (2018). Zalando erzielt Black-Friday-Rekorde. https://fashionunited.ch/nachrichten/einzelhandel/zalando-erzielt-black-friday-rekorde/2018112616543. Zugegriffen: 20. Febr. 2019.

Warschburger, V., & Jost, C. (2001). *Nachhaltig erfolgreiches E-Marketing.* Braunschweig Wiesbaden: Vieweg & Sohn.

6

Die Organisation des Affiliate-Marketings

> **Was Sie aus diesem Kapitel mitnehmen**
>
> Was Sie bei der Gestaltung organisatorischer Strukturen und Abläufe für das Affiliate-Marketing beachten müssen
> In welchen Organisationsvarianten Sie ein Partnerprogramm aufsetzen, betreiben und steuern können
> Die Vorteile und Nachteile eines in Eigenregie geführten Partnerprogramms
> Die Vorteile und Nachteile der kompletten Auslagerung des Partnerprogramms an einen oder mehrere externe Dienstleister
> Welche Implikationen einem kombinierten Betreibermodell aus dem Mix von Eigenregie und Auslagerung zugrunde zu legen sind
> Wie Sie die operative Zusammenarbeit mit den beteiligten Akteuren koordinieren

Merchants bieten sich mit Make or Buy zwei grundlegende Organisationsalternativen des Aufbaus, des Betriebs und der Steuerung eines Partnerprogramms (Kösters 2008, S. 400). Beide Optionen schließen sich nicht aus, sie können auch miteinander kombiniert werden, was zur dritten Organisationsvariante eines Mix aus Inhouse und Outtasking führt. Die Aufbau- und Ablauforganisation ist unternehmensspezifisch auszugestalten. Vorrangig ist dabei vor allem die Frage, mit welcher Organisationsform der Merchant am nachhaltigsten seine Ziele erreicht, ein Patentrezept lässt sich jedoch aus der Gegenüberstellung der Vorteile und Nachteile nicht ableiten. Im folgenden Abschnitt ist die Steuerung in Eigenregie (Merchant-Modell) dargestellt. Dem folgt in Abschn. 6.2 die Option des Outsourcings an ein oder mehrere Affiliate-Netzwerke (Hub-Modell). Die Implikationen für eine integrierte Lösung aus Inhouse und einem partiellen Outsourcing werden in Abschn. 6.3 erläutert und bewertet.

6.1 Affiliate-Management: Steuerung in Eigenregie

Jeder Merchant kann sein Partnerprogramm als **Merchant-Modell** aufbauen und komplett in Eigenregie betreiben (Opuchlik 2005, S. 164). Dies kann die bewusste Entscheidung sein, in der Ausgestaltung des Partnerprogramms frei von Regeln, Vorgaben und Restriktionen der Affiliate-Netzwerke zu sein. Die Entscheidung kann aber auch dadurch bedingt sein, dass, obwohl eine Zusammenarbeit mit Affiliate-Netzwerken angestrebt wird, kein passendes Netzwerk gefunden wurde oder der Merchant bei von ihm favorisierten Netzwerken keine Aufnahme gefunden hat, da diesen das Vermarktungspotenzial nicht attraktiv genug erscheint (Lammenett 2017, S. 86 f.). Bietet dennoch ein Netzwerk seine Dienste an, so kann dies mit höheren **Set-up Fees** und laufenden **Gebühren** verbunden sein, die dann wiederum für Start-ups und Kleinanbieter eine zu hohe Belastung darstellen. In solchen Konstellationen verbleibt dann nur die Option des Eigenbetriebs, dies gilt auch dann, wenn die **Margen** des zu vermarktenden Produktprogramms so gering sind, dass die zusätzliche Provision und die Gebühren des Netzwerkbetreibers den **Produktdeckungsbeitrag** und den Gewinn erheblich schmälern (Lammenett 2017, S. 64). Für kleinere Unternehmen kann die gezielte Ansprache von potenziellen Affiliates in Eigenregie zielführender sein. Gerade wenn das Unternehmen in **Nischenmärkten** aktiv ist und Netzwerke diese nur unzureichend abdecken (Kollewe und Keukert 2016, S. 475).

Der Merchant hat in der Eigenregie die vollständige **Kontrolle** über sein Partnerprogramm und kann dieses individuell auf seine Anforderungen zuschneiden. Alle Entscheidungen können eigenständig und autonom getroffen werden (Kollewe und Keukert 2016, S. 470). Die Steuerung in Eigenregie bedarf im Unternehmen der Schaffung von **Strukturen** und Gestaltung von **Abläufen**. Finanzielle, personelle und zeitliche Ressourcen müssen bereitgestellt werden. Entscheidungen müssen getroffen werden über:

- den geplanten Umfang des Partnerprogramms und seine auf der Zeitachse angestrebte Skalierung,
- das bereitzustellende Budget für die Administration und Steuerung,
- die interne und/oder externe Rekrutierung und gegebenenfalls Qualifizierung von Personal sowie deren organisatorische Eingliederung in Abteilungen wie Marketing oder Vertrieb,
- Aufgabenbeschreibungen und die Definition von Verantwortlichkeiten und Zuständigkeiten,
- die Auswahl und unternehmensspezifische Ausgestaltung von Provisionsmodellen,
- die Bereitstellung und den Betrieb einer technischen Plattform mit der Eigenentwicklung oder Auswahl und Implementierung einer Partnerprogrammsoftware,
- die Bestimmung einer Trackingmethode.

Die Größe des Partnerprogramms und die Anzahl der Partner determinieren die betriebsintern bereitzustellenden Kapazitäten in einer solchen **One-to-many**-Marktbeziehung. Das Wachstum des Partnerprogramms wird intern gesteuert und ist abhängig davon, ob das Unternehmen mit wenigen ausgewählten Partnern nur in bestimmten Segmenten zusammenarbeiten möchte oder eine breite Streuung des Partnerprogramms geplant und umgesetzt werden soll. Entscheidet man sich für eine schnelle **Skalierung des Partnerprogramms,** so steigt der organisatorische Aufwand und die Ressourcen müssen stetig ausgebaut werden (Olbrich et al. 2015, S. 62). In der Eigenregie entscheidet allein der Merchant, welche Affiliates er in sein Partnerprogramm aufnimmt. Basis dafür ist ein **Kriterienkatalog** (siehe Abschn. 3.3), der die Identifikation und Auswahl potenzieller Partner strukturiert. Mit jedem Partner oder zumindest mit Partnersegmenten muss die Art der Zusammenarbeit abgestimmt und vertraglich geregelt werden (Haller 2018, S. 305).

Bei einem Inhouse-Partnerprogramm entfallen in der Budgetplanung Provisionszahlungen an einen oder mehrere Netzwerkbetreiber. Den Personalkosten des Eigenbetriebs steht somit die Einsparung der Provisionszahlungen und Gebühren an den Netzwerkbetreiber gegenüber (Kollewe und Keukert 2016, S. 470). Diese Einsparung kann dem unternehmensinternen Budget zugute kommen und in einem großzügigeren Provisionsmodell münden. In der Eigenregie müssen Services, die sonst ein Dienstleister bereitstellt, intern organisiert werden. Dazu gehört beispielsweise das Tracking der Affiliate-Marketingkampagnen und die Zahlungsabwicklung der Provisionen zwischen Merchant und Affiliate. Dafür wird eine **Partnerprogrammsoftware** mit einem Tracking-, Reporting- und Abrechnungsmodul benötigt (Lammenett 2017, S. 62 und 67 f.). Grundsätzlich besteht die Option der **Eigenentwicklung** (Selbstprogrammierung als **Make-Option**) oder die Lizenzierung einer Standardsoftware **(Buy-Option)** (Kreutzer 2018, S. 254). Eine Eigenprogrammierung ist mit Kosten und Aufwänden verbunden, welche schwer auf den Punkt genau kalkuliert werden können, wenn während des Entwicklungsprozesses nicht vorhergesehene Probleme auftauchen oder neue Anforderungen hinzukommen. Insbesondere Schnittstellenprogrammierungen können sich sehr anspruchsvoll gestalten, wenn die Partnerprogrammsoftware in eine komplexe IT-Infrastruktur integriert werden muss. Eine etablierte **Standardsoftware** hat den Vorteil, dass diese an den Marktanforderungen entwickelt und bereits erprobt ist. Ihr liegen meistens transparente **Lizenzierungsmodelle** zugrunde, die Kosten können verlässlicher kalkuliert werden. Modulare Standardsoftwarelösungen verfügen über eigenprogrammierte **Schnittstellen** und bieten mit einem **Customizing** Möglichkeiten einer unternehmensindividuellen Anpassung. Dabei muss eine Skalierbarkeit des Partnerprogramms auch durch eine **skalierbare Softwarelösung** mitgetragen werden können. Von einer Eigenprogrammierung sollte eher Abstand genommen werden (Lammenett 2017, S. 79), wenn nicht zwingende Gründe eine Eigenentwicklung favorisieren. Für die Auswahl einer passenden Software muss der Markt evaluiert und infrage kommende Softwarelösungen müssen bewertet werden (Hundt 2010). Etablierte Standardlösungen sind neben vielen weiteren Softwareprodukten Post Affiliate Pro (https://www.postaffiliatepro.com/) und Quality Click (https://www.netslave.de/). In Zusammenarbeit mit Marketing, Vertrieb und IT muss ein **Anforderungskatalog** erstellt werden, um die Entscheidung für das bestgeeignete Programm valide ableiten zu können. Die lizenzierte Software muss installiert, getestet und laufend administriert werden. Diese Aufwände sind neben den fortlaufenden Lizenzgebühren im **IT-Budget** zu kalkulieren.

Ein Inhouse-Partnerprogramm muss vom Merchant aktiv beworben werden. Um die Aufmerksamkeit und das Interesse potenzieller Affiliates zu wecken, können die Onlinepräsenzen des Merchant genutzt, aber auch Onlinewerbung, Fachforen, Social Media, Blogs und Newsletter zur Bekanntmachung des Partnerprogramms eingesetzt werden (Kolbrück 2013, S. 192). Kontakte können auf Affiliate-Konferenzen, Veranstaltungen und Branchenevents geknüpft werden (Moor 2019). Wunsch-Affiliates müssen gezielt angesprochen werden. Eine Eintragung in **Partnerprogrammverzeichnisse** sollte nicht versäumt werden.

> **Marktüberblick über Partnerprogramme**
>
> Die Rechercheplattform 100partnerprogramme.de (https://www.100partnerprogramme.de/) ist die größte Suchmaschine für Partnerprogramme in Deutschland. Das Verzeichnis listet mehr als 10.000 nationale und internationale Partnerprogramme aus nahezu allen Waren- und Dienstleistungskategorien (Stand 08.03.2020). Merchants lassen ihre Partnerprogramme auf der Plattform eintragen und Affiliates recherchieren passende Partnerprogramme über Suchbegriffe wie Thema, Zielgruppe, Produkt, Marke und Unternehmen.

Auf der **Homepage** des Merchant muss eine **Rubrik** für das Partnerprogramm eingerichtet werden, in der das Provisionsmodell, die AGBs, Rahmenbedingungen und Teilnahmevoraussetzungen verständlich erläutert und an der Stelle nochmals offensiv beworben werden. Alternativ kann auch eine eigene Website für das Partnerprogramm gestaltet und mit der Homepage verlinkt werden. Kontaktmöglichkeiten müssen eingerichtet und **Ansprechpartner** benannt werden, damit sich potenzielle Affiliates beim Merchant für eine Teilnahme am Partnerprogramm bewerben. Anfragen sollten idealerweise über ein **Bewerbungsformular** gesteuert werden. Nach der Prüfung der Bewerbungen müssen die Affilates für das Partnerprogramm freigeschaltet werden. Mit einem auf der Website integrierten **Partner-Log-in** können dann die Werbemittel zum Download bereitgestellt werden.

Im laufenden Betrieb muss das Partnerprogramm gepflegt, betreut, administriert und laufend weiterentwickelt und gesteuert werden. Dafür empfiehlt sich die Einrichtung eines **Affiliate Managers,** der auch die Partnerschaftspflege koordiniert. Er beantwortet Anfragen, bearbeitet Beschwerden, prüft die Provisionsansprüche und gibt sie frei. Je geringer die Anzahl an Partnern, desto individueller kann die Betreuung gestaltet werden. Ein **Hotline-Support** kann eingerichtet werden, dieser kann wiederum durch die Bereitstellung und Pflege einer **FAQ-Rubrik** auf der Homepage von **Standardfragen** entlastet werden.

6.2 Affiliate-Netzwerke: Steuerung über einen Dienstleister

Die Organisationsvariante des Outsourcings kennzeichnet den Betrieb und die Durchführung des Partnerprogramms über ein Affiliate-Netzwerk (Partnernetzwerk) als externe Dienstleistung. Als Knotenpunkt entspricht diese Variante einem **Hub-Modell,** welches über eine **Many-to-one-to-many**-Marktbeziehung als Intermediär (Mittler) sowohl zahlreiche Merchants wie auch zahlreiche Affiliates auf einer Plattform zusammenführt (Opuchlik 2005, S. 165). Der

Netzwerkbetreiber Awin geht davon aus, dass 83 % der Merchants ein Affiliate-Netzwerk nutzen (Moor 2019).

Aus der Perspektive des Merchant gilt es abzuwägen, ob die Vorteile des Outsourcings die Vorteile einer Steuerung des Partnerprogramms in Eigenregie übertreffen. Wenn **Kompetenzen** und **Erfahrungen** fehlen oder nicht in Kürze aufgebaut werden können, so hat der Einstieg in das Affiliate-Marketing über einen Dienstleister Vorteile, die mit geringeren **Investitionen** und **Anlaufkosten** sowie damit einhergehend auch mit einem geringeren internen Aufwand verbunden sind (Olbrich et al. 2015, S. 72). Große Affiliate-Netzwerke haben den Vorteil, dass dort bereits eine Vielzahl potenzieller Partner akkreditiert und durch das Netzwerk vorqualifiziert ist. Der Merchant erhält mit seinem Beitritt Zugang zu einer großen Zahl an kooperationsinteressierten Affiliates (Haller 2018, S. 305). Affiliate-Netzwerkbetreiber übernehmen in der Regel folgende **Funktionen** (Lammenett 2017, S. 67; Kreutzer 2018, S. 254 f.):

- Zugriff auf eine Vielzahl von Affiliates für den Merchant bzw. auf viele Merchants für einen Affiliate auf einer zentralen Plattform,
- Anbahnung von Kooperationen zwischen Merchants und Affiliates,
- Bereitstellung von Standardverträgen und Teilnahmebedingungen,
- Bewerbung der Partnerprogramme innerhalb des Netzwerks,
- Bereitstellung der Werbemittel zum Download,
- Betrieb eines Trackingsystems als Grundlage für die Abrechnung zwischen Merchant und Affiliate,
- Abwicklung der Zahlungsströme und Stornierungen von Provisionszahlungen an die Affiliates sowie den Netzwerkbetreiber,
- Monitoring und Reporting der Affiliate-Marketingkampagnen,
- Betreuung der Merchants und Affiliates.

Merchants können nur mit einem oder mit mehreren Affiliate-Netzwerken zusammenarbeiten. Die Kooperation mit mehreren Netzwerken bedeutet zwar eine höhere Reichweite, steht aber auch für einen erhöhten **Koordinationsaufwand.** Ein denkbares Szenario könnte die Zusammenarbeit mit einem der reichweitenstarken Netzwerke in Kombination mit mehreren kleinen **Nischennetz-**

werken sein (Olbrich et al. 2015, S. 66). Es findet eine beiderseitige Prüfung einer möglichen Zusammenarbeit statt. Nicht jeder Merchant wird automatisch akkreditiert. Auch die Netzwerkbetreiber führen **Beitrittsbeschränkungen** in ihrem Geschäftsmodell. Die Bewerbung des Merchant wird anhand verschiedener **Auswahlkriterien** geprüft, dabei wird insbesondere das **Vermarktungspotenzial** und die Seriosität der Partnerprogramme eingeschätzt (Kollewe und Keukert 2016, S. 469). Große Netzwerke sind selektiver in der Auswahl ihrer Merchants geworden. Daher kann es durchaus vorkommen, das ein vom Merchant präferiertes Netzwerk diesen nicht akkreditiert (Lammenett 2017, S. 62; Kolbrück 2013, S. 189).

Die Auswahl des oder der passenden Netzwerke ist eine komplexe Entscheidung. Die Netzwerke unterscheiden sich in ihrem Leistungsspektrum, ihrer Spezialisierung, dem Service, Support, Tracking und den Gebühren. Viele kleinere Netzwerke sind spezialisiert und fokussieren auf Themenschwerpunkte. Dies erschwert eine direkte Vergleichbarkeit. Welcher der Marktplätze infrage kommt, muss unternehmensspezifisch bewertet und entschieden werden. Langjährig etablierte Netzwerke bieten den Vorteil einer hohen **Expertise** und einer ausgeprägten **Marktkenntnis**. Neben der Servicequalität und dem **Gebührenniveau** spielt die Größe des Netzwerks eine entscheidende Rolle, wenn es um ein breit zu streuendes Partnerprogramm geht. Je mehr Partner im Netzwerk integriert sind, desto eher finden Merchants geeignete Affiliates, mit denen sie sich eine Kooperation vorstellen können. Den Dienstleistungen der Affiliate-Netzwerke liegt ein **Gebührensystem** mit verschiedenen Komponenten zugrunde, deren Aufwände müssen in der **Budgetkalkulation** für das Affiliate-Marketing mitberücksichtigt werden. Neben den einmaligen **Set-up Fees** für die Einrichtung und Registrierung auf den Affiliate-Netzwerken fallen laufende **Betreuungsgebühren** sowie Vermittlungsprovisionen für jede erfolgreiche Transaktion an (Olbrich et al. 2015, S. 66). Die **Vermittlungsprovision** ist vom Merchant zu entrichten, für die Affiliates ist die Registrierung in einem Affiliate-Netzwerk in der Regel kostenlos. In den meisten Fällen muss der Merchant ein **Guthaben** als Sicherheitsleistung hinterlegen, aus dem später die Provisionen der Affiliates bedient werden. Die Auswahl passender Netzwerke sollte sich an folgenden Kriterien orientieren (BITKOM 2008, S. 11; Kolbrück 2013, S. 190; Olbrich et al. 2015, S. 66; Kreutzer 2018, S. 261 f.):

- Größe, Leistungsspektrum, Reputation und Image des Netzwerks,
- nationale und/oder internationale Ausrichtung,
- Reichweite und Zielgruppen (Merchants wie auch Affiliates),
- Anzahl der Affiliates: Segmentierung, Struktur, Seriosität, Reputation (relevant ist nicht die rein quantitative Anzahl der Registrierungen, sondern der Anteil kontinuierlich aktiver Affiliates),
- Wettbewerbsintensität durch Partnerprogramme von Konkurrenzunternehmen,
- Branchenfokus/Spezialisierungsgrad: Spezialisierung auf Wirtschaftszweige und Nischensegmente,
- Ausrichtung des Netzwerkes: Konzentration auf Produktkategorien und ausgewählte Publisher-Modelle,
- Auswahlkriterien und Validität des Akkreditierungsprozesses für die Freischaltung von Affiliates,
- restriktiver Umgang mit unseriösen Affiliates,
- Servicequalität, insbesondere kundenindividueller Merchant-Support,
- Transparenz des Reportings und des Abrechnungssystems,
- Gebührensystem (einmalige und laufende Gebühren, Höhe der Vermittlungsprovision).

Der Markt der Affiliate-Netzwerke ist durch eine Vielzahl spezialisierter Nischennetzwerke neben mehreren Big-Playern gekennzeichnet, die durch Übernahmen und Zusammenschlüsse ihre Marktanteile ausbauen und den Markt immer weiter konsolidieren. Die größten Affiliate-Netzwerke sind (Stand 05.03.2020) **Webgains** mit 250.000 Publishern und 1800 Advertisern (https://www.webgains.com), **Awin** mit 230.000 Publishern und 16.500 Advertisern (https://www.awin.com/de), **Tradedoubler** mit 2000 Merchants und 180.000 Affiliates (https://www.tradedoubler.com/de/), **TradeTracker** mit über 5200 aktiven Programmen (https://tradetracker.com/de/), **Belboon** mit 1800 Partnerprogrammen (https://www.belboon.com/de/), **Digistore24** (https://www.digistore24.com/) und **financeAds** als Netzwerk für

Banken, Versicherungen und Fin-Techs (https://www.financeads.net/). Einen guten Einstieg in die Suche nach passenden Affiliate-Netzwerken bietet die bereits erwähnte Rechercheplattform 100partnerprogramme.de (https://www.100partnerprogramme.de/affiliate-netzwerke/).

> **Merke!**
>
> Relevante Auswahlkriterien für die mögliche Kooperation mit einem Affiliate-Netzwerk sind das Themenspektrum, die Anzahl akkreditierter Partner, ein hohes Serviceniveau, ein angemessenes Preis-Leistungs-Verhältnis, eine nutzerfreundliche Plattform sowie ein ausgeprägtes Know-how mit einer langjährigen Erfahrung als Netzwerkbetreiber.

> **Finanzierungsmodell und Einnahmenstruktur der Affiliate-Netzwerke**
>
> Die Einnahmenstruktur der Affiliate-Netzwerke basiert neben Set-up Fees für die Registrierung eines Merchant auf laufenden Nutzungsgebühren und einer Beteiligung an den auszuzahlenden Provisionen für jede über das Netzwerk vermittelte Transaktion. Je mehr Merchants akkreditiert und je mehr Transaktionen über das Netzwerk generiert werden, umso attraktiver sind die Provisionseinnahmen für den Netzwerkbetreiber. Affiliate-Netzwerke stehen natürlich auch untereinander im Wettbewerb um attraktive Partnerprogramme, daher finden sich auch Netzwerkbetreiber, die keine Set-up Fees und nur geringe Nutzungsgebühren verlangen.

6.3 Mischformen: Kombination Inhouse und Outsourcing

Die Einbindung von ein oder mehreren Affiliate-Netzwerken kann auch parallel zum Aufbau und Betrieb von Inhouse-Partnerprogrammen erfolgen. Merchants entscheiden sich damit für ein **kombiniertes Betreibermodell,** dies umso häufiger, je differenzierter das Affiliate-Marketing im Unternehmen betrieben wird. Affiliate-Marketing kann zuerst in Eigenregie gestartet sein, weil man in einem klein dimensionierten Partnerprogramm mit wenigen **Publishern** zusammenarbeiten wollte. Mit einem Ausbau des Partnerprogramms stellt man fest, dass die Masse kleinerer Affiliates besser über einen Dienstleister gesteuert wird, während man ausgewählte Affiliates direkt betreuen möchte. Auch umgekehrt kann es zu einer organisatorischen **Umstrukturierung** des Affiliate-Marketings kommen. Der Einstieg erfolgte über ein Affiliate-Netzwerk und mit zunehmender Erfahrung wird ein Teil des Partnerprogramms in Eigenregie fortgeführt. Auch in dieser Variante sind es meistens **Top-Affiliates,** mit denen man eine persönlichere und individuellere Beziehung aufbauen möchte. Mit einer teilintegrierten Inhouselösung kann ein qualitativ höheres **Betreuungslevel** realisiert werden. Die ausgewählten Partner werden ihre exponiertere Stellung im Partnerprogramm zu schätzen wissen und ein intensiver gegenseitiger **Austausch** hilft sowohl dem Merchant wie auch dem Top-Affiliate, seinen Beitrag im partnerschaftlichen Verhältnis zu optimieren. Ein partielles **Outtasking** bietet sich Merchants mit der Einschaltung von spezialisierten **Affiliate-Marketingagenturen.** Als Dienstleister bieten sie konzeptionelle Unterstützung beim Aufbau von Partnerprogrammen sowie die Koordination, Administration und Steuerung derselben an.

> **Affiliate-Marketingagenturen**
>
> Ein umfangreicher Marktüberblick mit der Auflistung vieler auf Affiliate-Marketing spezialisierten Agenturen findet sich auf der Rechercheplattform 100partnerprogramme.de (https://www.100partnerprogramme.de/affiliate-agenturen/).

Tab. 6.1 stellt noch einmal zusammenfassend die wesentlichen Charakteristika der beiden grundlegenden Organisationsvarianten gegenüber.

Tab. 6.1 Gegenüberstellung Merchant-Modell und Hubmodell. (Eigene Darstellung in Anlehnung an Lammenett 2017, S. 65)

Affiliate-Marketing in Eigenregie	Affiliate-Marketing im Partnernetzwerk
Eigeninitiative, Ausgestaltung des Partnerprogramms nach unternehmensindividuellen Vorstellungen	Ausgestaltung des Partnerprogramms nach den Vorgaben, Regeln und Richtlinien des Netzwerkbetreibers
Aufbau einer technischen Plattform mit Installation, Betrieb und Pflege einer Partnerprogrammsoftware	Bereitstellung, Betrieb, Pflege und Weiterentwicklung der technischen Plattform
Auszahlung von Provisionen ausschließlich an die eigenregistrierten Affiliates	Einnahmen von Vermittlungsprovisionen für jede erfolgreiche Transaktion über das Netzwerk
Eigenständige Bekanntmachung und Vermarktung des Partnerprogramms	Bewerbung des Partnerprogramms durch das Affiliate-Netzwerk
Individuelle Gestaltung von Teilnahmebedingungen, AGBs und Verträgen; direkte Vertragsbeziehungen zu den Affiliates	Bereitstellung von AGBs und Standardverträgen; direkte Vertragsbeziehungen zu Merchants und Affiliates
Hohe Anzahl an Backlinks, je nach Umfang des Partnerprogramms und Anzahl der Partner	Backlinks der Affiliates auf das Partnernetzwerk, gebündelte Referrer auf die Merchants
Interne Aufwände; Bereitstellung personeller Ressourcen	Set-up Fee und laufende Gebührenzahlungen je nach bereitgestellten Services
Eigenakkreditierung und Freischaltung jedes einzelnen Partners	Akkreditierung der Partner durch den Netzwerkbetreiber
Autonome und uneingeschränkte Partnerwahl	Partnerwahl innerhalb des Netzwerkes
Alleinstellung und Eigenpositionierung des Partnerprogramms	Direkte Konkurrenzbeziehungen unter den Partnerprogrammen

> **Ihr Transfer in die Praxis**
>
> Wägen Sie die unternehmensspezifischen Vorteile und Nachteile eines Partnerprogramms in Eigenregie mit der Organisationsvariante der Zusammenarbeit mit Affiliate-Netzwerken ab.
>
> Erstellen Sie ein Anforderungs- und Aufgabenprofil für einen Affiliate Manager, wenn Sie Ihr Partnerprogramm in Eigenregie betreiben wollen.
>
> Überlegen Sie, ob sich eine interne Lösung für die Besetzung eines Affiliate Managers anbietet oder ob über eine externe Personalbeschaffung ein Experte rekrutiert werden kann.

> Definieren und gestalten Sie einfache Entscheidungswege und transparente Administrationsprozesse.
> Bewerten Sie Ihre bisherige Zusammenarbeit mit Affiliate-Netzwerken.
> Verschaffen Sie sich einen Marktüberblick über potenzielle Affiliate-Netzwerke, die ebenfalls für eine Kooperation infrage kommen.

Literatur

BITKOM. (2008). *Affiliate Management*. Berlin: BITKOM.

Haller, S. (2018). *Handelsmarketing*. Herne: NWB Kiehl.

Hundt, P. (2010). Mit Affiliate-Software zum eigenen Partnerprogramm. https://www.gruenderszene.de/marketing/mit-affiliate-software-zum-eigenen-partnerprogramm. Zugegriffen: 5. März 2020.

Kösters, A. (2008). Erfolgsfaktoren von Partnerprogrammen. In T. Schwarz (Hrsg.), *Leitfaden Online Marketing* (S. 387–410). Waghäusel: marketing-BÖRSE.

Kolbrück, O. (2013). *Erfolgsfaktor Online-Marketing*. Frankfurt a. M.: Deutscher Fachverlag.

Kollewe, T., & Keukert, M. (2016). *Praxiswissen E-Commerce*. Köln: O'Reilly.

Kreutzer, R. (2018). *Praxisorientiertes Online-Marketing*. Wiesbaden: Springer Gabler.

Lammenett, E. (2017). *Praxiswissen Online-Marketing*. Wiesbaden: Springer Gabler.

Moor, E. (2019). Der ultimative Guide, um Top-Publisher zu finden. https://www.awin.com/de/affiliate-marketing/guide-um-top-publisher-zu-finden. Zugegriffen: 8. März 2020.

Olbrich, R., Schultz, C., & Holsing, C. (2015). *Electronic Commerce und Online-Marketing. Ein einführendes Lehr- und Übungsbuch*. Berlin : Springer Gabler.

Opuchlik, A. (2005). *E-Commerce-Strategie*. Norderstedt: Books on Demand.

7
Affiliate-Marketing-Controlling

> **Was Sie aus diesem Kapitel mitnehmen**
>
> Warum Sie ein aussagekräftiges und nachhaltiges Controlling mit einer validen Auswertung der Affiliate-Marketingkampagnen implementieren sollten
> Durch welche Schritte ein revolvierender Steuerungskreis des Affiliate-Marketingcontrollings gekennzeichnet ist
> Welches Kennzahlenset für die Erfolgsmessung geeignet ist und welche Aussagekraft die Kennzahlen bieten
> Mit welchen Maßnahmen das Affiliate-Marketing konzeptionell, inhaltlich und organisatorisch optimiert werden kann

Für die zielgerichtete **Erfolgsmessung** bedarf es aussagekräftiger **Kennzahlen**. Verständlich, denn jedes Unternehmen möchte nachvollziehen, ob die avisierten Ziele erreicht und das bereitgestellte Budget gewinnbringend investiert wurde (Lammenett 2017, S. 421). Das Controlling dient der Steuerung der **Ressourcenallokation** und soll die **Effektivität** und **Effizienz** des Ressourceneinsatzes visualisieren (Homburg 2017, S. 1205). Dabei handelt es sich um ergebnisorientierte **Kontrollen** über den Grad der Zielerfüllung im Abgleich von angestrebten und erzielten Resultaten (Homburg 2017, S. 1212). Das Controlling des

Affiliate-Marketings kann durch einen **Steuerungskreis** visualisiert werden (Abschn. 7.1), dem quantitative (Abschn. 7.2) und qualitative Kennzahlen (Abschn. 7.3) zugrunde liegen. Die Auswertung und Analyse der Kennzahlen bilden die Grundlage, um über verschiedene Maßnahmen das Affiliate-Marketing fortwährend zu optimieren (Abschn. 7.4).

7.1 Der Steuerungskreis des Affiliate-Marketings

Das valide **Tracking** aller Affiliate-Marketingkampagnen ist als elementare Voraussetzung für ein darauf basierendes **Reporting** und die **Erfolgskontrolle** im Affiliate-Marketing anzusehen (BITKOM 2008, S. 10). Das Trackingmodul einer Partnerprogrammsoftware erfasst und liefert die Daten der automatisierten **Auswertungen.** Wer die Daten bereitstellt, ist abhängig davon, ob ein Partnerprogramm in Eigenregie oder über ein Affiliate-Netzwerk geführt wird. Im letzteren Fall wird ein Reporting mit Kennzahlen, Statistiken und Auswertungen durch den Netzwerkbetreiber über ein **Dashboard** zur Verfügung gestellt. Der in Abb. 7.1 visualisierte Steuerungskreis stellt die Beziehungen zwischen dem Affiliate-Marketing und dem Controlling dar.

Die Zielgrößen bilden den Ausgangspunkt für die Definition eines relevanten **Kennzahlensets.** Je präziser die **Ziele** formuliert sind (Abschn. 3.2), desto klarer lassen sich Kennzahlen zu deren Erfolgsmessung ableiten. Das Controlling setzt an zwei Bezugsobjekten an: Zum einen geht es um den Erfolgsbeitrag einzelner Kampagnen, zum anderen geht es um die Bewertung der Performance der Affiliates als verlässliche und umsatzstarke Kooperationspartner. Die relevanten **Steuerungsgrößen** der Erfolgsmessung des Affiliate-Marketings leiten sich aus den eingesetzten Provisionsmodellen ab (Olbrich et al. 2015, S. 68). Werden die Ziele nicht erreicht, so hilft das Monitoring über den **Plan-Ist-Vergleich** Abweichungen zu erkennen und gegensteuernde Maßnahmen zu ergreifen (Meffert et al. 2015, S. 812). Des Weiteren dienen die kontinuierliche **Kontrolle** und die **Kennzahlen-**

7 Affiliate-Marketing-Controlling

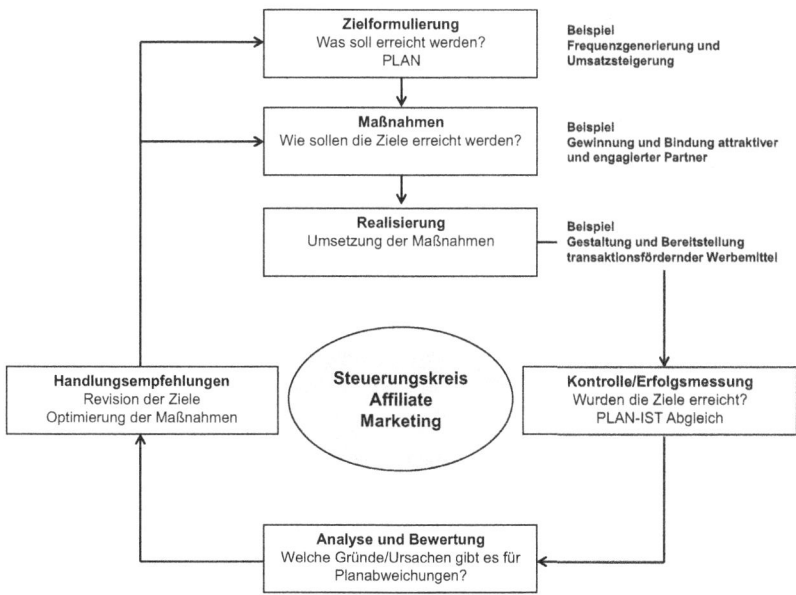

Abb. 7.1 Der Steuerungskreis des Affiliate-Marketings. (Eigene Darstellung)

analyse der Anpassung von Zielwerten für nachfolgende Aktivitäten (Olbrich et al. 2015, S. 67). Ausgangspunkt der Erfolgsmessung ist die Transparenz über die Ziele aller Kampagnen, an denen die Effektivität und Effizienz des Affiliate-Marketings während und nach Abschluss der Kampagnen evaluiert wird.

> **Merke!**
>
> Der Erfolg des Affiliate-Marketings ist durch das nachhaltige Engagement der Partner, die Qualität der bereitgestellten und zielführend eingesetzten Werbemittel und ein die Motivation der Partner förderndes attraktives Provisionsmodell geprägt.

7.2 Quantitative Kennzahlen

Kennzahlen sind quantifizierte absolute und relative Größen, die in verdichteter Form wichtige zahlenmäßig erfassbare Tatbestände und Entwicklungen eines Unternehmens zum Ausdruck bringen (Homburg 2017, S. 123 f.). Quantitative Kennzahlen betreffen sowohl das Controlling der Aufwände wie auch der Umsätze. Denn die durch die Affiliates realisierten Mehrumsätze müssen zu den Kosten des Partnerprogramms in Relation gesetzt werden. Der Provisionsanspruch ist auf den **Nettowarenwert** der Bestellung zu beziehen. Steuern und Versandkosten werden herausgerechnet, um die Provision als **Nettoprovisionierung** auszuzahlen. Eine wichtige Controllingaufgabe ist der **Salesabgleich.** Die durch den Affiliate vermittelten Conversions müssen auf ihre **Validität** geprüft werden, damit Manipulationen, insbesondere **Scheinbestellungen** (Fakebestellungen), rechtzeitig aufgedeckt und ungerechtfertigte Provisionsausschüttungen verhindert werden (BVDW 2018, S. 16). Die auszuzahlenden Provisionen sind nur ein Element der zu berücksichtigenden **Kostenpositionen. Personalkosten** entstehen beim Affiliate-Marketing in Eigenregie durch die Bindung personeller Ressourcen, die für die Administration und das Controlling des Partnerprogramms bereitgestellt sind. Die Höhe der Personalkosten ist von der Komplexität, Größe und Betreuungsintensität des Partnerprogramms abhängig. **Sachkosten** schlagen für die fortlaufende Gestaltung, Aktualisierung, Bereitstellung und Codierung der Werbemittel zu Buche.

> **Kostenpositionen im Affiliate-Marketing**
>
> Folgende Kostenpositionen sind bei einem Partnerprogramm in Eigenregie zu kalkulieren:
>
> - die Bekanntmachung des Partnerprogramms über Werbemaßnahmen,
> - Vergütung der Affiliates aus den verschiedenen Provisionsmodellen,
> - Lizenzierung und Pflege oder Eigenentwicklung einer Partnerprogrammsoftware,
> - Personalaufwand für die Organisation und Administration des Partnerprogramms durch einen Affiliate Manager und gegebenenfalls weitere Mitarbeiter,

- Personalaufwand im Controlling für das Monitoring und Reporting,
- Personal- und Sachkosten für die Gestaltung und Streuung der Werbemittel.

Für den **Erfolgsausweis** des Partnerprogramms können verschiedene Kennzahlen herangezogen werden. Diese beziehen sich auf die erzielten Conversions über die eingesetzten Provisionsmodelle, insbesondere auf die **Umsatzerlöse** und **Produktdeckungsbeiträge** bei Pay per Sale. In der Steuerung der optimalen Größe des Partnerprograms sind die Erfolgsbeiträge der Publisher-Modelle über die Affiliate-Segmente bis hin zu einzelnen Affiliates auszuwerten. Da die eingesetzten Werbemittel als **Gatekeeper** zwischen Affiliate-Website und Merchant-Website fungieren, sind **Werbewirkungskontrollen** ein wesentliches Element einer fortlaufenden Optimierung der bereitzustellenden Werbemittel. Die relevanten Kennzahlen zu den jeweiligen Bereichen werden im Folgenden dargestellt und deren Aussagekraft wird erläutert.

Kennzahlen in Bezug auf die erzielten Conversions

Die **Conversion Rate** ist neben den Umsatzerlösen eine der zentralen performancebasierten Kennzahlen des **Onlinevertriebs.** Sie kennzeichnet den Anteil von Adressaten einer Aktion, die diese Aktion durch eine bewusste Handlung zielkonform durchgeführt haben (Meffert et al. 2015, S. 735). Im **E-Commerce** steht eine hohe Conversion Rate für die Attraktivität der Onlinevertriebskanäle mit einem überzeugenden Produkt- und Leistungsprogramm und einer kundenzentrierten **Usability.**

Conversion Rate

Die Conversion Rate (Umwandlungsrate) zeigt das prozentuale Verhältnis der Besucher einer Zielseite (Website, Onlineshop, Landingpage als spezielle Aktionsseite) zu einer bestimmten Handlung (Call to Action). Eine in Beziehung zu setzende Handlung kann ein Kauf, eine Leadgenerierung, eine Newsletteranmeldung, die Teilnahme an einem Gewinnspiel oder die Einlösung von Promotion- oder Rabattcodes sein.

Im Onlineshop wird die Conversion Rate in Bezug auf eine ausgewertete Zeitperiode (Tag, Woche, Monat, Jahr) mit den Produktbestellungen und der Anzahl der Besucher in Beziehung gesetzt. Wird diese unabhängig von der Herkunft und Segmentierung auf alle Websitebesucher dargestellt, so kann sie als **Overall Conversion Rate** bezeichnet werden. Dies wird mit folgender Formel berechnet:

$$\frac{\text{Anzahl Käufer Onlineshop}}{\text{Anzahl Besucher Onlineshop}} \times 100 = \text{Overall Conversion Rate in \%}$$

Da durch die Codierung der Werbemittel mit einer Partner-ID Umsätze den Affiliates eindeutig zugeordnet werden können, ist eine Conversion Rate auch separat für den Partnervertrieb errechenbar. Diese ist dann durch folgende Formel ausgedrückt:

$$\frac{\text{Anzahl Käufer Onlineshop mit Partner} - \text{ID}}{\text{Anzahl Besucher Onlineshop mit Partner} - \text{ID}} \times 100 = \text{Conversion Rate Affiliate in \%}$$

> **Beispiel**
> Würden von 800 Websitebesuchern 100 einen Produktkauf tätigen, so würde dies einer Overall Conversion Rate von 12,5 % entsprechen. Wären 300 dieser Websitebesucher über einen Affiliate-Link auf die Merchant-Website weitergeleitet worden und 50 davon hätten eine Bestellung aufgegeben, so läge die Conversion Rate des Affiliates bei 16,6 %.

Die Höhe der Conversion Rate ist der elementarste Erfolgsausweis, denn die Conversion Rate indiziert, dass mit aufmerksamkeitsstarken Werbemitteln Besucher in den Onlineshop geführt und dort zu Käufern transformiert werden konnten. Das Partnerprogramm kann bewirken, dass sich die Overall Conversion Rate des Onlineshops erhöht und sich dadurch das Affiliate-Marketing als ein frequenzerhöhendes und umsatzsteigerndes Instrument erweist. Eine Umsatzsteigerung muss nicht zwingend nur auf das Partnerprogramm zurückzuführen sein, gegebenenfalls hat sich die Overall Conversion auch im Verbund mit mehreren anderen zeitgleich laufenden Marketingaktionen erhöht.

Die Warenkörbe der Käufer sind noch um die zeitversetzte Korrektur durch **Retourenrücksendungen** zu bereinigen. Denn nur bereinigte Umsätze sollten einen Provisionsanspruch begründen. Die gesetzlichen Regelungen des **Fernabsatzes** verlangen vom Merchant die Einräumung eines mindestens 14-tägigen Rückgaberechts im Onlinehandel.

> **Retourenbereinigter Provisionsanspruch**
>
> Ein über den Affiliate weitergeleiteter Kunde bestellt mehrere Artikel mit einem Warenkorbwert von 200 EUR. Der Provisionsanspruch begründet sich auf den Warenkorb abzüglich Retouren. Nach 10 Tagen sendet der Besteller Waren im Wert von 40 EUR zurück. Der provisionsberechtigte Warenkorb beläuft sich auf 160 EUR. Bei einer Provision von 8 % auf den Warenkorb würde die Provision 12,80 EUR betragen.

Neben dem Erfolgsausweis des Pay per Sale kann die Conversion in Bezug auf andere Zielgrößen ausgewertet werden, die mit einer Werbekampagne verbunden sind. Anstatt Sales können im Zähler **Sign-ups** oder **Registrations** oder **Downloads** dargestellt werden, um die Anzahl der Newsletterregistrierungen, die Anzahl der Abrufe von Informationsmaterial, die Inanspruchnahme von Beratungsangeboten oder die Anzahl der Teilnehmer an einem Gewinnspiel zu controllen.

Kennzahlen in Bezug auf die eingesetzten Werbemittel
Conversions über Partner können nur dann eine substanzielle Größe erreichen, wenn über Klicks auf die Werbemittel Besucher in den Merchant-Onlineshop geführt werden. Ziel ist es, die Werbemittel grafisch und inhaltlich optimal auf die Zielgruppen der Affiliates auszurichten und immer weiter zu optimieren. Das Affiliate-Marketing-Controlling kann darstellen, welche Werbemittel besonders erfolgreich sind, indem die Klickraten der Werbemittel ausgewertet werden (Kollewe und Keukert 2016, S. 474). Die Werbemittel für das Affiliate-Marketing sind in ihrem Kern auf eine direkte Reaktion des Onlinenutzers ausgerichtet und tragen dadurch eine **Direct-Response-**Funktionalität in sich (Kreutzer 2018, S. 192). Die **Ad-Impressions/ Ad-Views** sind ein Indikator für die Reichweite eines Banners pro

Affiliate-Werbeeinblendung. Die Kennzahl zeigt auf, ob es zu einem **Sichtkontakt** mit dem jeweiligen Werbemittel gekommen ist (Kreutzer 2018, S. 220) und wie viele Personen die Werbung mindestens einmal gesehen haben. Mehrfachkontakte der gleichen Person werden nicht gezählt, wenn es um **Unique Impressions** geht. Ein Klick auf ein verlinktes Werbemittel wird als **Ad-Click** bezeichnet (Meffert et al. 2015, S. 706). Die **Click-through-Rate** (CTR) wird als prozentuale Relation zwischen den angeklickten (Ad-Clicks) und den gesehenen Bannern (Ad-Impressions) ermittelt. Sie ist ein Indikator für die Wirksamkeit der eingesetzten Werbemittel (Meffert et al. 2015, S. 735). Die CTR weist in der Regel sehr unterschiedliche Klickraten in Bezug auf die Größe, Grafik und Form des Banners sowie die Prägnanz der Werbebotschaft aus.

Der reine Klick ist das schwächste Element einer Interaktion, allerdings auch die erste messbare Aktivität eines Interessenten (Olbrich et al. 2015, S. 68). Dem Klick wird im Affiliate-Controlling keine große Bedeutung beigemessen, wenn er nicht in Relation zu einer nach dem Klick ausgelösten Handlung gesetzt werden kann. Wird mit Pay per Click ein Provisionsmodell eingesetzt, welches die Klicks auf ein Werbemittel vergütet, so entstehen dem Merchant **Cost per Click** (CPC). Ist die Leadgenerierung das Ziel einer Affiliate-Marketingkampagne, so können die Kosten für die Kontaktanbahnung als **Cost per Lead** dargestellt werden. Analog verursacht das Pay-per-Sale-Provisionsmodell **Cost per Sale** beim Merchant (Meffert et al. 2015, S. 734).

Kennzahlen in Bezug auf den Erfolgsbeitrag der Affiliates
Umsatz pro Affiliate (absolute und relative Werte)
Im Controlling geht es darum, die umsatzstarken Top-Affiliates zu identifizieren und deren Umsatzanteile absolut und/oder in Relation zur Gesamtzahl der Partner auszuweisen. Es können verschiedene **Topkategorien** (Top 3, Top 5 oder Top 10) geführt werden, um bei einer großen Anzahl von Affiliates deren prozentualen Anteil zum über alle Affiliates erreichten Umsatz auszuweisen. Dies gibt einen Hinweis auf den Grad der Abhängigkeit des Merchant von einzelnen Affiliates. In manchen Partnerprogrammen mag es vorkommen, dass die Top-Ten-Affiliates 80 % des Partnerumsatzes generieren. Manchmal sind es

vielleicht nur zwei oder drei leistungsstarke Affiliates, die den Umsatz des Merchant substanziell steigern (Lammenett 2017, S. 88). Der durchschnittliche Warenkorbwert (**Average Order**) als Messgröße kann bei den Publisher-Modellen stark differieren. Je höher der Warenkorbwert pro Conversion, desto werthaltiger ist die Kooperation mit den sie vermittelnden Affiliates.

Umsatz pro Affiliate in Relation zu den Provisionen und Provisionssätzen
Die Vertriebsnebenkosten belasten die Produktdeckungsbeiträge. Die Provisionen sind variable Vertriebskosten und müssen neben den noch zusätzlich in einer Kampagne gewährten Boni und Rabatten von den Umsatzerlösen abgezogen werden. Die Produktmargen müssen so gestaltet sein, dass auch nach Abzug der Provision ein zufriedenstellender Deckungsbeitrag erwirtschaftet wird. Bei geringmargigen Produkten lässt sich eine hohe Pay-per-Sale-Provision kaum ökonomisch rechtfertigen, es sei denn, in einer Mischkalkulation werden bestimmte Produkte als **Frequenzbringer** promotet, um über die attraktive Preisstellung eines Zubringerproduktes **Verbundkäufe** innerhalb der Produktgruppe zu befördern. Mit einer **Warenkorbanalyse** und **Data Mining** lassen sich die Wirkungen von Verbundkäufen aufdecken. Da die Provisionssätze je nach Zielsetzung von Werbekampagnen auch fortlaufend angepasst und gegebenenfalls nach Publisher-Modellen differenziert werden, können die Kosten pro Affiliate auch durch seinen Umsatz in Relation zu den an ihn ausgezahlten Provisionen dargestellt werden.

Gesamtumsatz der Affiliates in Relation zum Gesamtumsatz des Unternehmens
Als relative Kennzahl gibt der Anteil des durch Affiliates generierten Umsatzes in Beziehung zum Gesamtumsatz des Merchant Aufschluss darüber, welchen Stellenwert das Affiliate-Marketing im Vertriebsmodell des Unternehmens einnimmt. Die Analyse der Affiliate-Umsätze kann des Weiteren auf die Erfolgsbeiträge der eingesetzten Publisher-Modelle

oder Affiliate-Segmente heruntergebrochen werden. Ein Ergebnis könnte beispielsweise sein, dass 60 % aller Affiliate-Umsätze über Incentive/ Loyalty/Cashback Publisher vermittelt werden.

7.3 Qualitative Kennzahlen

Im Gegensatz zu quantitativen Kennzahlen sind qualitative Kennzahlen nicht direkt messbar. Qualitative Kriterien wie die Zufriedenheit, die Motivation oder das Engagement der Affiliates können aber durch eine strukturierte **Befragung** in messbare Größen transformiert werden, wenn das Fragebogendesign mit einer Ratingskala Einschätzungen und Meinungen zur Qualität des Partnerprogramms als Zustimmung oder Ablehnung mit Punktwerten erfasst (Meffert et al. 2015, S. 143 f.). Mit der Auszählung der Punkte können **Zufriedenheitswerte** als absolute Zahlen oder Indexwerte quantitativ dargestellt werden. Affiliates können auf diese Weise ein **Feedback** zur **Betreuungsqualität** übermitteln. Wird die Befragung um offene Antwortfelder ergänzt, so können eigenformulierte Statements der Befragungsteilnehmer Ansatzpunkte für eine Verbesserung der Kooperationsbeziehung aufzeigen. Mit einer regelmäßigen Wiederholung der Befragung kann der Erfolg von Optimierungsmaßnahmen durch eine kontinuierliche Steigerung der Zufriedenheitswerte belegt werden. Ein regelmäßiges **Audit** und **Monitoring** aller oder ausgewählter Affiliate-Websites unterstützen eine qualitative Bewertung der Partner. Damit kann überprüft werden, inwieweit sich die Affiliates an vereinbarte Absprachen bezüglich der **Werbemittelplatzierung** halten. Eine ständige Aktualisierung der Inhalte und Optimierung der Websites sind ein Indiz für das Engagement und die Motivation des Affiliates, den Werbemitteln des Merchant ein transaktionsförderndes Umfeld zu bieten. Daraus kann ein **Qualitätsindikator** abgeleitet werden, der bei der Auswahl künftiger Kooperationspartner eine Mindestanforderung definiert. Den Merchants ist vor allem daran gelegen, dass ihre Werbemittel in einem markenkonformen und imagepassenden redaktionellen Umfeld ausgespielt werden, diese Anforderung wird mit dem Begriff **Brand Safety** umschrieben (Kreutzer 2018, S. 191 und 260). Die Reputation des

Merchant nimmt Schaden, wenn sich Affiliates unlauterer Methoden bedienen, um die Werbemittel in wettbewerbswidriger Weise anzupreisen. Der Affiliate ist zwar für den Inhalt seiner Website selbst verantwortlich, dennoch können negative Ausstrahlungseffekte die Markenwahrnehmung des Merchant in Mitleidenschaft ziehen.

7.4 Parameter der Steuerung des Affiliate-Marketings

Mit dem Aufbau und der Etablierung des Affiliate-Marketings müssen das Vertriebsmodell, das Wettbewerbsumfeld und die Marktbedingungen einem kontinuierlichen Monitoring unterzogen werden, um bei Veränderungen frühzeitig gegenzusteuern. Optimierungen der Affiliate-Marketingmaßnahmen werden notwendig, wenn die Ziele nicht erreicht wurden oder durch Veränderungen in den Verhaltensmustern von Affiliates, Zielgruppen und Wettbewerbern Anpassungen notwendig werden (Kreutzer 2018, S. 262). Die Steuerung der Kennzahlen kann unterschieden werden, ob die Größen direkt oder nicht direkt durch den Merchant beeinflussbar sind (Olbrich et al. 2015, S. 68).

Direkt beeinflussbare Steuerungsgrößen
Zu den direkt beeinflussbaren Steuerungsgrößen zählen kurzfristig umsetzbare Optimierungen der Werbemittel und Anpassungen der Provisionsmodelle. Werden die **Provisionssätze** erhöht, so lässt sich überprüfen, ob die dadurch gestiegene Attraktivität des Vergütungsmodells zu erhöhten Anstrengungen der Affiliates zur Bewerbung der Angebote des Merchant geführt haben, welches sich in höheren Klickraten auf die Werbemittel ausdrückt, was wiederum zu mehr vermittelten Besuchern der Merchant-Website führt. Soll die Reichweite über die **Customer Touchpoints** erhöht werden, so muss das Partnerprogramm mit einer Steigerung der Anzahl der Affiliates ausgeweitet werden. Ein attraktives, zeitlich begrenztes **Einsteigerpaket** mit höheren Erstumsatzprovisionen für neue Affiliates kann

eine Maßnahme sein, das Interesse potenzieller Affiliates an einer Kooperation zu wecken. Höhere Provisionen können einen Anreiz darstellen, das Partnerprogramm des Merchant noch intensiver auf der Affiliate-Website zu bewerben (Olbrich et al. 2015, S. 69), um damit zu einer **Conversion-Optimierung** (Steigerung der Conversion Rate) beizutragen. Maßnahmen zur Erhöhung der Attraktivität des Partnerprogramms sind ein wichtiger Aspekt der **Bindung** von Top-Affiliates. Denn auch sie werten aus, mit welchen Merchants sie lukrative Einnahmen generieren und werden nichtperformante Werbemittel nicht mehr einsetzen oder im Extremfall eine nicht erfolgreiche Zusammenarbeit mit Merchants aufkündigen (BVDW 2018, S. 18).

Die **Werbemittel** sind fortlaufend zu aktualisieren, um die **Clickthrough-Raten** beim Affiliate zu erhöhen. Die Reaktionen der Onlinenutzer auf passgenauere Werbeinhalte können zeitnah und auch in Realtime erfasst und Optimierungsmaßnahmen daraus abgeleitet werden. Da deren Gestaltung allein in der Verantwortung des Merchant liegt, bietet sich hier ein breites Experimentierfeld, um die Gestalt, Größe, Form und den Inhalt der Werbeaussagen zu verändern. Wie Abb. 7.2 grafisch visualisiert, können im Vorfeld der Schaltung von Werbeanzeigen Pretests als **A/B-Testing** helfen, die Wirkung der Werbemittel bei Probanden zu überprüfen und auf Basis dieser Ergebnisse Optimierungen der Gestaltung und des Inhalts vorzunehmen (Olbrich et al. 2015, S. 69).

Mit den Ergebnissen des A/B-Testings werden nur die erfolgversprechendsten Formate und Inhalte den Affiliates bereitgestellt. Zalando beispielsweise testete einmal über 300 Banner und Textlinks, um herauszufinden, welche davon die höchsten Klickraten auslösen (Kolbrück 2013, S. 195). Die Häufigkeit und Intensität solcher Tests sind natürlich auch eine Frage des verfügbaren Budgets. Nicht jede Kampagne muss zwingend intensiven Vorabtests unterzogen werden.

Ein weiterer Parameter bezieht sich auf die Steuerung der Größe eines Partnerprogramms. Auch wenn viele **Customer Touchpoints** die Sichtbarkeit des Merchant im Internet befördern, allein die quantitative Anzahl der Partner ist keine relevante **Erfolgsgröße,** wenn viele Partner, die nur geringwertige Anteile zum Gesamtumsatz des Partnerprogramms beisteuern, einen hohen **Betreuungsaufwand** ver-

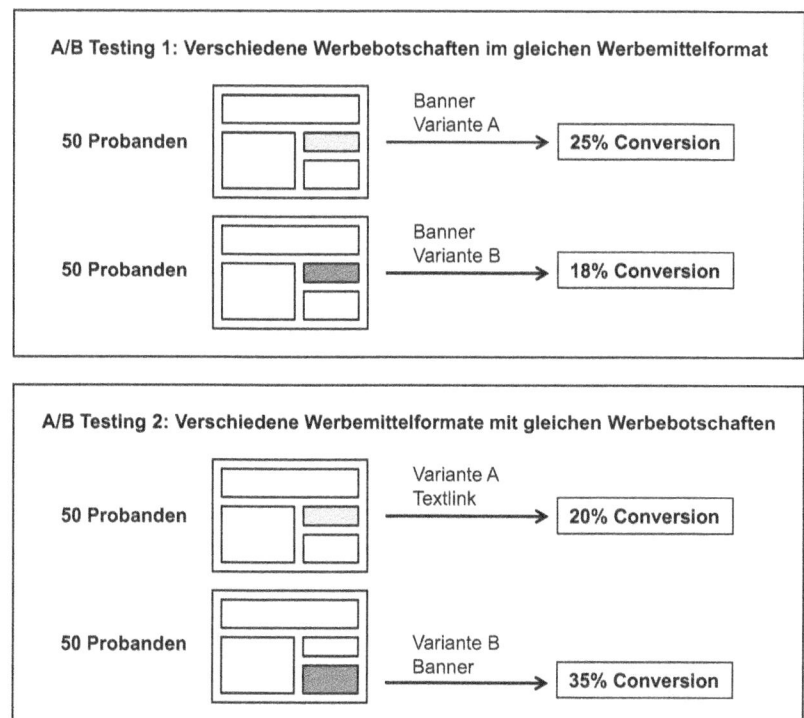

Abb. 7.2 Werbemittel-Testing im Affiliate-Marketing. (Eigene Darstellung)

ursachen. Werden Vorgaben und Richtlinien des Merchant nicht erfüllt oder eingehalten, so kann dies in der Konsequenz eine Aufkündigung der Kooperation nach sich ziehen. Dies kann auch der Fall sein, wenn Partner einen **Mindestumsatz** pro Zeitperiode nicht kontinuierlich generieren. Ein kleiner dimensioniertes Netzwerk mit leistungsstarken Affiliates befördert eher die Absatz- und Umsatzziele und verringert auch den **Ressourceneinsatz** in der Betreuung der Partner. Es kann somit in manchen Phasen auch eher um die Verringerung denn die Ausweitung der Anzahl der Partner gehen. Die Auswertung einer **ABC-Analyse** liefert hier die Grundlage für die Ableitung und Umsetzung notwendiger Maßnahmen.

Ein wichtiger Aspekt des Controllings ist die Validierung der Kennzahlen in Hinblick auf **Affiliate-Fraud** (Brand Bidding, Ad Hijacking, Cookie Dropping, siehe Abschn. 5.3). Klickraten, Conversions und Umsätze müssen dahin gehend überprüft werden, dass keine manipulativen Methoden eingesetzt wurden. Dies bedingt eine fortlaufende Kontrolle der Affiliate-Aktivitäten mit **Plausibilitätsprüfungen** hoher Conversions und der Analyse ungewöhnlich hoher Klickraten bei sehr geringem Traffic. Die Aufdeckung von Manipulationen kann durch **Softwaretools** unterstützt werden, die mit automatisierten Kontrollen die Aufdeckung von Missbrauch unterstützen (Piol 2018). Je intensiver der Merchant im Vorfeld bei der Identifizierung und Auswahl die Seriosität seiner Affiliates überprüft und validiert, umso eher sollte es sich bei unseriösen Affiliates eher um einen geringen Anteil an der Gesamtzahl an Partnern handeln.

Nicht direkt beeinflussbare Steuerungsgrößen
Vom Merchant nicht direkt beeinflussbare Steuerungsgrößen unterscheiden sich von der gerade angesprochenen Kategorie dadurch, dass sich der Einfluss des Merchant auf bestimmte **Leistungsparameter** des Affiliates seinem unmittelbaren Wirkungsbereich entzieht (Olbrich et al. 2015, S. 69 f.). Trotz eines ausgefeilten Kriterienkatalogs für die Auswahl von Affiliates kann der Glanz einer passgenauen Vorstellung trügen, denn sie stellt keine Garantie dar, dass sich der Partner später auch stringent an die Vereinbarungen hält. Das **Engagement** und die **Performance** spiegeln gegebenenfalls nicht die vollmundigen Versprechungen, verbindliche Absprachen und Regeln werden nicht eingehalten oder unseriöses Verhalten der Affiliates belastet das partnerschaftliche Verhältnis. Dem Affiliate kann nicht oder nur in engen Grenzen vorgeschrieben werden, wie er seine Website gestaltet, welche Services er seinen Websitebesuchern offeriert und wie viel Aufwand er in die Bewerbung der Angebote des Merchant und in die Kommunikation und Interaktion mit seiner Zielgruppe tatsächlich investiert. Das **Ranking** der Affiliates in den **Suchmaschinen** kann als Hinweis dienen, inwieweit das Engagement des Affiliates darauf gerichtet ist, seine Website proaktiv zu vermarkten (Olbrich et al. 2015, S. 70). Denn dies kommt über die Erhöhung der **Reichweite**

des Affiliates indirekt auch dem Merchant zugute. Nicht beeinflussbar ist das Gebaren des Affiliates in der Bewerbung von Konkurrenzangeboten auf seiner Website. Gleichwohl kann aber versucht werden, auf die Platzierung der eigenen Werbemittel Einfluss zu nehmen. Die Steuerung des Partnernetzwerks vereinfacht sich, je konkreter im Vorfeld der Zusammenarbeit Vereinbarungen getroffen wurden, deren Nichteinhaltung eine Aufkündigung der Kooperation nach sich zieht. Dies kann sich auch auf den Fall beziehen, dass der Affiliate nicht die vereinbarte Anzahl an Werbemitteln einbindet oder den Wechselrhythmus der Aktualisierung von Werbemitteln nicht einhält (Olbrich et al. 2015, S. 70).

> **Ihr Transfer in die Praxis**
>
> Stellen Sie Ihr unternehmensspezifisches Set an quantitativen und qualitativen Kennzahlen zusammen, mit denen Sie den Erfolgsausweis Ihres Affiliate-Marketings transparent machen.
> Etablieren Sie ein Reporting, welches Ihnen mit der Auswertung und Analyse der relevanten Kennzahlen eine zielorientierte Steuerung und Optimierung des Affiliate-Marketings ermöglicht.
> Bestimmen Sie die relevanten Steuerungsgrößen, mit denen Sie über das Controlling Ihr Partnerprogramm unmittelbar beeinflussen können.
> Budgetieren Sie das Affiliate-Marketing, indem Sie alle dem Partnerprogramm direkt zuordenbaren Kostenpositionen mit Planzahlen hinterlegen.
> Bestimmen Sie einen Mitarbeiter, der für das Affiliate-Marketing Controlling verantwortlich zeichnet und ein solches aufbaut, falls es noch nicht implementiert ist.

Literatur

BITKOM. (2008). *Affiliate Management*. Berlin: BITKOM.
BVDW. (2018). *Die Ersten werden die Letzten sein. Affiliate Marketing – Chancen nutzen*. Berlin: BVDW.
Homburg, C. (2017). *Marketingmanagement*. Wiesbaden: Springer Gabler.
Kolbrück, O. (2013). *Erfolgsfaktor Online-Marketing*. Frankfurt a. M.: Deutscher Fachverlag.

Kollewe, T., & Keukert, M. (2016). *Praxiswissen E-Commerce*. Köln: O'Reilly.

Kreutzer, R. (2018). *Praxisorientiertes Online-Marketing*. Wiesbaden: Springer Gabler.

Lammenett, E. (2017). *Praxiswissen Online-Marketing*. Wiesbaden: Springer Gabler.

Meffert, H., Burmann, C., & Kirchgeorg, M. (2015). *Marketing*. Wiesbaden: Springer Gabler.

Olbrich, R., Schultz, C., & Holsing, C. (2015). *Electronic Commerce und Online-Marketing. Ein einführendes Lehr- und Übungsbuch*. Berlin Heidelberg: Springer Gabler.

Piol, V. (2018). Die 5 häufigsten Fraud-Methoden im Affiliate Marketing – und was man dagegen tun kann. https://www.wuv.de/tech/die_5_haeufigsten_fraud_methoden_im_affiliate_marketing_und_was_man_dagegen_tun_kann. Zugegriffen: 4. Nov. 2019.

Fazit und Ausblick

Das Affiliate-Marketing ist und bleibt eine etablierte Form von Vertriebspartnerschaften im Onlinehandel. Die Stärkung des Daten- und Verbraucherschutzes hat mit der EU-Datenschutz-Grundverordnung (DSGVO) und der per Stand Mitte März 2020 noch nicht in Kraft getretenen neugestalteten ePrivacy-Verordnung dem Affiliate-Marketing zwar erhebliche, aber nicht unlösbare Herausforderungen in der Umsetzung und rechtskonformen Einhaltung rechtlicher Vorgaben aufgebürdet. Wenn eine erfolgreiche Vermittlungsleistung nicht mehr eindeutig den Partnern zugeordnet werden kann, die sich als Absatzmittler einen Anteil am Verkaufserlös verdient haben, dann beschädigt dies die Akzeptanz und Bedeutung von Partnerprogrammen. Denn Affiliates werden nur dann ihren Merchants Kontakte und Kunden zuführen, wenn sie dafür eine adäquate Vergütung erhalten. Für die weitere Entwicklung des Affiliate-Marketingmarktes ist es daher elementar, dass ein rechtssicheres und transparentes Tracking mit der nachvollziehbaren Zuordnung des Erfolgsbeitrags jedes Customer Touchpoint innerhalb der Customer Journey etabliert wird. Das Mobile- und Cross-Device-Tracking steht ebenso auf der Agenda wie die Ablösung starrer Attributionsmodelle durch eine dynamische Attribuierung. Daneben steht noch die latente Herausforderung der

Verhinderung von Manipulationsversuchen durch Fraud Detection. Daran gilt es für Merchants, Affiliate-Netzwerke und -Agenturen gleichermaßen zu arbeiten, damit sie die Motivation ihrer Affiliates aufrechterhalten. Ein Affiliate-Marketing zahlt sich für Merchants aus, wenn performancebasierte Partnerprogramme die Vertriebseffizienz steigern. In der unerschöpflichen Vielfalt des Internets bleibt die qualifizierte Generierung von Besucherfrequenz eine essenzielle Basis für den Erfolg des Onlinevertriebs. Wird über Affiliate-Marketing das Absatz- und Umsatzpotenzial gesteigert, so verbleibt bei margenstarken Produkten auch nach Abzug der Provisionen und Vertriebsnebenkosten ein attraktiver Deckungsbeitrag.

The manufacturer's authorised representative in the EU is Springer Nature Customer Service Centre GmbH, Europaplatz 3, 69115 Heidelberg, Germany. If you have any concerns regarding our products, please contact ProductSafety@springernature.com

Printed and bound by CPI Group (UK) Ltd, Croydon, CR0 4YY

25/03/2026

02078226-0006